Das Buch

»Meine Tochter isst viel zu wenig!« »Mein Sohn schreit die ganze Nacht!« »Schon wieder eine Ohrenentzündung!« Wenn Eltern in die Praxis der Kinderärztin Dr. Karella Easwaran kommen, sind sie selbst oft krank – vor Sorge.
Karella Easwaran zeigt in diesem Buch, warum Eltern so unsicher geworden sind und so viel Angst haben, etwas falsch zu machen. Sie erklärt, warum diese Angst sich schnell auf Kinder überträgt – wo es doch darum geht, ihnen Sicherheit und Geborgenheit zu vermitteln, gerade wenn sie krank sind. Und sie schildert, wie sie Gelassenheit zurückgewinnen, für sich selbst und ihre Töchter und Söhne.
Die beliebte Kinder- und Jugendärztin verrät im ersten Teil, mit welchen Strategien sie Eltern hilft, ihre Kinder stark und gesund fürs Leben zu machen. Im zweiten Teil geht sie auf alle Fragen ein, mit denen Eltern zu ihr kommen. Hier erfahren Mütter und Väter ganz konkret, was sie bei Krankheiten und Symptomen tun können – und auch was sie besser lassen. Mit vielen praktischen Tipps aus der Kinderheilkunde!

Die Autorin

Karella Easwaran, geboren 1965 in Addis Abeba, studierte Medizin in Ungarn. Als junge Assistenzärztin an der Uniklinik Köln begann Karella Easwaran sich für integrative Medizin zu interessieren: Nach ihrer Facharztprüfung bildete sie sich in Naturheilverfahren und Mind-Body-Medizin bei Prof. Herbert Benson von der medizinischen Fakultät in Harvard/USA weiter. Die Kombination aus Schulmedizin, Pflanzenheilkunde und Neurowissenschaften, ergänzt durch ihre Erfahrungen aus verschiedenen Ländern und Kulturen, stellen für sie den Schlüssel zu einer modernen, nachhaltigen Kinderheilkunde dar. 1997 gründete sie eine eigene Praxis in Köln. In der ZDF-Sendung »Die Ärzte« war sie Expertin für Fragen zur Kinder- und Jugendheilkunde.

Das Geheimnis gesunder Kinder

Dr. Karella
EASWARAN

Was ELTERN tun
und lassen können

Kiepenheuer
& Witsch

Verlag Kiepenheuer & Witsch, FSC® N001512

5. Auflage 2018

© 2018, Verlag Kiepenheuer & Witsch, Köln
Alle Rechte vorbehalten. Kein Teil des Werkes darf in irgendeiner
Form (durch Fotografie, Mikrofilm oder ein anderes Verfahren)
ohne schriftliche Genehmigung des Verlages reproduziert
oder unter Verwendung elektronischer Systeme verarbeitet,
vervielfältigt oder verbreitet werden.
Umschlaggestaltung: Mike Meiré
Umschlagmotiv: © Achim Lippoth
Gesetzt aus der Whitman und der Meta
Satz: Buch-Werkstatt GmbH, Bad Aibling
Druck und Bindung: CPI books GmbH, Leck
ISBN 978-3-462-04959-6

Für Tom, Sander, Lenny und Jeronimo

INHALT

- **Einleitung** 13
  - Eine Stunde in meiner Praxis 15
  - Medizin für Körper und Geist 18
  - Warum »vorteilhaftes Denken« so wichtig ist 21
  - Was Sie in diesem Buch erwartet 22

- **Kindheit in Addis Abeba** 25
  - Glauben und Vertrauen 25
  - Abschied und Entfaltung 30

1. WELCHES DENKEN ZUM RICHTIGEN HANDELN FÜHRT

- **Die große Angst der Eltern** 35

- **Die Kommandozentrale unseres Körpers** 41
  - Das Gehirn 41
  - Das Stammhirn – es steuert überlebenswichtige Funktionen 42
  - Das Mittelhirn – hier sitzen die Emotionen 43
  - Der Mandelkern – hier werden die Sinneseindrücke verarbeitet 43
  - Das Seepferdchen – ein Tierchen mit enormem Gedächtnis 46
  - Das Großhirn – Ort des Denkens und Entscheidens 47

Sorgen   48
Stress der Eltern beeinflusst die Gesundheit
ihrer Kinder   50

■ **Beneficial Thinking (BT) – vorteilhaftes Denken als Strategie**   53

■ **Akuter Stress: Wenn Sie sofort handeln müssen**   61

Das Reptilien-Hirn ausschalten   61
STRATEGIE 1: SADH (Stopp – atmen – denken – handeln)   62
STRATEGIE 2: Ein rettender Gedanke   66
STRATEGIE 3: Denkpause einlegen   71
STRATEGIE 4: Fantasieren – positives Kopfkino   78
STRATEGIE 5: Holen Sie sich Ihren eigenen Gelehrten in den Kopf   80

■ **Chronischer Stress: Wie Sie sich dauerhaft verändern können**   83

»Ich will!« eine Veränderung   84
Festplatte mit schlechten Gedanken löschen   92
Schlechtes Gewissen und Schuldgefühle   96
Sorgen entsorgen   97
Wissen und Gelassenheit   98

2. DIE ENTWICKLUNG DER KINDER FÖRDERN UND KRANKHEITEN BEWÄLTIGEN

■ **Die ersten drei Monate**   103

Geburt und das neue Leben   103
Deprimiert im größten Glück?   108
Jede Mutter braucht ein Dorf!   112

Traditionen und Rituale – Stresspuffer,
Entlastung und Wertschätzung   114
Dreimonatskoliken: Babys schreien   115
Gelbsucht bei Neugeborenen   121
Spucken bei Neugeborenen   124
Röcheln und Schnarchen
in den ersten Monaten   126
Niesen und Schluckauf   127
Blähungen   127

■ Ernährung in den ersten Monaten und wie sie prägt   131

Hunger und Durst   131
Geschmack, Evolution und Prägung   132
Süßprägung und die
Entwicklung der Geschmacksrichtungen   133
Stillen   135
Muttermilch kaufen?   137
Muss ich denn wirklich auf so viel verzichten, wenn ich stille?   137
Pulvermilch-Nahrung   138
Warum nimmt mein Baby nicht zu?   139

■ Ernährung nach den ersten Monaten   147

Was soll mein Baby essen?   148
Und wenn die Eltern Vegetarier sind?   150
Vegane Ernährung   151
Mein Baby mag keinen Brei – und jetzt?   151
Flasche ade!   152

■ Ernährung für die ganze Familie   153

Übertriebene Sorgen   155
Der Magen braucht mal eine Pause   158
Ich habe aber noch Hunger!   159

Nahrung als Schlafmittel? 162
Kein Gummibärchen zum Trost 163
Gesund? Igitt! Aber wenn Papi es isst ... 163
Urlaub! Und was essen die Kinder? 164
Wie viel Essen sollte es mindestens sein? 166

■ Übergewicht 167

Mein Kind isst nichts, nimmt aber zu 167
Mein Kind ist zu dick, braucht es eine Diät? 168

■ Schlafen 169

Wer schläft eigentlich wann? 170

■ Krankheiten und Selbstheilungskraft 181

Erholung und Erneuerung *(Homöostase)* 181
Gehäufte Infekte – Grund zur Sorge? 182
So werden wir immun 185
Putzen und desinfizieren? Falsch! 186
Macht Kälte krank? 187

■ Impfungen 189

Was sind Impfungen? 189
Häufigste Fragen zu Impfungen 190

■ Fieber 197

Was ist Fieber? 197
Fieberkrampf 199

■ Die häufigsten Infektionskrankheiten im Kindesalter 201

Die Neugeborenen-Bindehautentzündung
(Neugeborenen-Konjunktivitis) 201
Entzündung der Mundschleimhaut
(Stomatitis Aphthosa) 204

Mundsoor 206
Hand-Mund-Fuß-Krankheit 207
Schnupfen *(Rhinitis)* 209
Halsentzündung
(Pharyngitis, Tonsillitis, Laryngitis) 212
Bakterielle Mandelentzündung und Scharlach 215
Polypen *(Adenoide)* 218
Pseudokrupp *(Stenosierende Laryngitis)* 221
Mittelohrentzündung *(Otitis Media)* 223
Lymphknotenschwellung *(Lymphadenitis)* 228
Husten / Reizhusten 229
Bronchitis 232
Lungenentzündung *(Pneumonie)* 239
Magen-Darm-Erkrankungen 242
Verstopfung *(Obstipation)* 249
Harnwegsinfekte 253

- **Schlusswort** 257

- **Hilfreiche Adressen und Links** 259

- **Dank** 263

EINLEITUNG

Eltern zu werden ist eine der schönsten und eindrucksvollsten Erfahrungen in unserem Leben. Wenn wir unser neugeborenes Baby zum ersten Mal im Arm halten, sind wir glücklich, stolz und voller Liebe. Etwas Neues beginnt. Das erfüllt uns erst einmal mit großer Freude – bedeutet aber auch Veränderung. Jeder Tag mit kleinen Kindern bringt neue Herausforderungen mit sich, die enorme Anpassungsfähigkeit verlangen. Gelingt das nicht, entstehen Sorgen und Stress.

Als Kinder- und Jugendärztin spreche ich jeden Tag mit Kindern und ihren Eltern. Sie kommen in meine Praxis, damit ich Vorsorgeuntersuchungen und Impfungen durchführe, Krankheiten diagnostiziere und therapiere – und um von ihren Sorgen und Ängsten zu erzählen.

Über die Jahre hat sich die Arbeit in meiner Praxis verändert. Angeborene Krankheiten oder Missbildungen wie Herzdefekte werden kaum noch in der Kinder- und Jugendarztpraxis festgestellt, sondern inzwischen meist schon während der Schwangerschaft oder nach der Geburt in Kliniken behandelt. Schlimme Infektionskrankheiten kommen nur noch selten vor.

All das haben wir präventiven Maßnahmen wie Impfungen, Vorsorgeuntersuchungen, schneller und zuverlässiger Diagnostik und effektiven und gut verträglichen Medikamenten zu verdanken. Die medizinische Versorgung und der Lebensstandard haben sich hierzulande enorm verbessert.

Habe ich deshalb weniger Patienten? Treffe ich Familien nun vor allem auf dem Spielplatz? Das ist leider nicht der Fall. Kinder- und Jugendärztinnen und -ärzte sind oft ausgebucht, viele schaffen es nicht, neue Patienten aufzunehmen. Eltern kommen mit ihren Kindern genauso oft wie früher – aber sie haben andere Fragen. Sie haben viel mehr Angst als früher und sie sind unsicherer.

Daher habe ich mich gefragt: Warum haben Eltern hierzulande offenbar so viele Schwierigkeiten? Die Geburtenrate in den westlichen Ländern ist konstant niedrig, Kinder werden trotzdem nicht selten als Stress empfunden. Medien berichten über Helikopter-Eltern, Latte-macchiato-Mütter oder Kinder als kleine Tyrannen. Warum fehlt Familien heute die Leichtigkeit, warum sind alle so in Sorge, auch wenn es keinen ernsthaften Grund dafür gibt? Klagen die Eltern auf zu hohem Niveau?

Nein, liebe Leserinnen und Leser, keinesfalls – als Ärztin und Mutter von zwei Söhnen verstehe ich Ihre Sorgen als klaren Notruf. Ich habe große Sympathie und viel Verständnis für Sie.

Eltern überlegen ständig, was sie tun können, um ihrem Baby den Start ins Leben zu erleichtern. Das ist normal und fürsorglich. Viele Eltern nehmen dabei aber häufig gar nicht mehr wahr, dass sie bereits gesunde und glückliche Kinder haben.

Sie stressen sich vielmehr mit Fragen und Eventualitäten, die das wunderbare Leben der Familie in den Hintergrund treten lassen, während Unsicherheiten und Ängste die Regie übernehmen.

Eltern werden heute mit so vielen Informationen und Ratschlägen bombardiert, von allen möglichen Experten, vom Internet, vom Fernsehen, vom Radio und von den Zeitungen, dass sie sich selbst nichts mehr zutrauen. Gleichzeitig hören sie von Großeltern, Tagesmüttern, Erzieherinnen oder Lehrern, dass etwas mit dem Kind nicht in Ordnung sei oder auf jeden Fall noch verbessert werden könnte.

Sie stellen ihre eigenen Beobachtungen und Erfahrungen infrage und wollen – um nur ja nichts falsch zu machen – lieber zu viel tun als zu wenig. Kaum noch jemand ruht in sich selbst und hat so viel Vertrauen in das Leben, dass ihm Veränderungen keine Angst machen.

Kleinste Auffälligkeiten beim Kind werden als schwere Krankheiten interpretiert, was schlimmstenfalls zu latenten Panikzuständen führt. Der Druck ist riesengroß, Eltern geraten schnell an die Grenzen ihrer Belastbarkeit.

Dauernder Stress aber macht nicht nur krank, sondern belastet auch die Bindung zum Kind und zum Partner. Er gefährdet ein gesundes und glückliches Familienleben.

Daher brauchen Eltern dringend Unterstützung. Zum Glück gibt es Methoden, den Stress zu verstehen, ihn abzubauen oder, noch besser, von vorneherein zu vermeiden. Das hat mich dazu animiert, dieses Buch zu schreiben.

Eine Stunde in meiner Praxis

Nadine betritt mit ihrer Tochter Mia das Sprechzimmer. »Es ist mir ein bisschen peinlich, dass ich hier bin, aber meine Schwiegermutter macht mich ganz verrückt, und inzwischen mache ich mir auch Sorgen. Kann es sein, dass Mia Klumpfüße hat? Braucht sie vielleicht Einlagen?«

Mia ist gerade einmal 14 Monate alt und torkelt durch die Gegend, mit ihren niedlichen Minifüßen, die gerade lernen, sich zu stabilisieren. Keine Pathologie, alles okay. »Nein« antworte ich, »Mia ist gesund, und es ist normal, dass die Füße ihre Form noch nicht ganz gefunden haben. Wir warten einfach ab und tun nichts.«

Ich lese in ihrem Gesicht, dass sie nicht ganz überzeugt ist, und dass sie mit meiner Antwort bei der Schwiegermutter nicht landen kann. »Aber meinen Sie nicht, dass ein wenig Osteopathie helfen würde? Ich habe gehört, dass kleine Kinder nur dann so laufen wie meine Tochter, wenn sie eine Blockade haben.«

Sie schaut auf Mias Füße, schweigt kurz und fragt dann leise: »Meinen Sie nicht, dass wir für alle Fälle zum Orthopäden gehen sollten, um uns abzusichern?«

Ähnlich geht es weiter mit meinem nächsten Patienten: »Ich mache mir sehr große Sorgen. Henry hat immer noch Schnupfen – inzwischen seit über einer Woche! Können wir nicht sein Blut untersuchen? Kann es sein, dass sein Immunsystem leidet?« Henrys Mutter wünscht sich, dass ich ihm für alle Fälle etwas »Immunstärkendes« aufschreibe.

»Matilda isst nichts – gar nichts! Ich mache mir sehr große Sorgen! Egal, was ich ihr anbiete, sie weigert sich, etwas zu sich zu nehmen, sie will nur spielen und Spaß haben.« Matilda ist drei Jahre alt, gesund und lustig. Ihre Mutter ist besorgt und hat schlaflose Nächte, weil sich ihre Tochter so wenig fürs Essen interessiert. Sie würde ihr am liebsten Eisen und Vitamine verabreichen, hätte von mir gern ein Rezept für etwas »Appetitanregendes«.

Wir leben in einer Gesellschaft mit hohen Ansprüchen,

vor allem an die Kinder. Welches Kind kann mehr, ist geschickter, reifer für sein Alter?

Der Wettstreit unter Eltern geht oftmals gleich nach der Geburt los. Stolz wird darum gewetteifert, wessen Kind am besten isst oder schläft: »Meine Lizzy schläft durch, schon seit dem ersten Tag nach der Geburt!« »Wirklich?«, fragt Irene, die regelmäßig in meine Praxis kommt. Ihre Tochter Pia denkt nicht daran und weckt sie nachts fast stündlich.

»Deine Tochter etwa nicht? Dann muss doch etwas nicht in Ordnung sein, geh doch mal zum Arzt oder lies es im Internet nach. Neugeborene müssen 17 bis 18 Stunden am Tag schlafen, sonst entwickeln sie sich nicht richtig und kriegen bleibende Schäden.«

Für eine frischgebackene junge Mutter ist dieser Satz Gift. Sofort wird ein Termin in meiner Praxis vereinbart, um den Zustand abzuklären.

Das eine Kind kann sich vielleicht mit drei Monaten schon drehen, das andere will mit zehn Monaten schon laufen. Manche Babys essen problemlos oder sind nie krank. Wie kann es sein, dass mein Kind langsamer ist, fragen die Eltern dann in meiner Sprechstunde.

In dem Willen, dem Kind die besten Startbedingungen zu ermöglichen, verordnen manche Eltern ihren zweijährigen Kindern Yogaunterricht, mit drei fängt der Chinesischkurs an. Und wenn das Kind im Sprachunterricht nicht still sitzt? Oder in der musikalischen Frühförderung partout nicht liebevoll mit dem Cello umgeht? Dann muss es zur Therapie. Und was dann folgt, ist ein Rattenschwanz an Blödsinn.

Weder Mias noch Henrys oder Matildas Mutter haben etwas falsch gemacht. Sie wünschen sich, dass ihre Kinder sich gesund entwickeln, alles gut machen können, damit sie nirgendwo benachteiligt werden.

Ihre Sorgen und Ängste sind aber überflüssig und vermeidbar: Ihre Kinder brauchen weder Diagnostik noch Medikamente. Viel mehr würde es helfen, wenn ihre Eltern lernen würden, umzudenken und auf die Entwicklung ihrer Kinder zu vertrauen.

Ich nehme mir Zeit und erkläre, dass Henrys Schnupfen wie eine Immunspritze wirkt, die ihn widerstandsfähiger macht. Und dass Matilda gesünder durchs Leben gehen wird, weil sie so viel isst, wie sie braucht. Ihr Verhalten ist letztlich ein gesunder und natürlicher Schutz vor Übergewicht und damit zusammenhängenden Krankheiten.

Ich sehe in diesen Gesprächen sofort, dass die Eltern sich freuen, ernst genommen zu werden. Und dass sie erleichtert sind, dass alles in Ordnung ist. Wenn sie die Praxis verlassen, sind sie oft merklich entspannt.

Medizin für Körper und Geist

Manchmal frage ich mich, warum Menschen in viel ärmeren Ländern glücklicher und entspannter zu leben scheinen. Ich schaue zurück in meine Kindheit in Äthiopien und stelle fest, dass traditionelle Gesellschaften zwar medizinisch im Vergleich zu uns im Westen bis heute viel schlechter versorgt sind, aber dank uralter Traditionen und dem Zusammenhalt der Generationen gelernt haben, Angst und Stress eher beiseitezuschieben und mehr Freude zu empfinden.

Hierzulande sind Großeltern schon oft nicht mehr präsent, um im Alltag mit ihren Erfahrungen zu helfen und

Sicherheit zu schaffen. Doch Traditionen und Lebenserfahrung sind nicht die einzigen und auch nicht die wirksamsten Mittel, um überflüssige Sorgen zu verhindern und schädlichem Stress zu begegnen.

Ich wollte verstehen, wie das gelingen kann, und habe eine Weiterbildung bei Professor Herbert Benson vom Lehrkrankenhaus der Harvard University absolviert. Die Fachrichtung der »Mind-Body-Medizin« ist eine recht junge Disziplin. Sie zeigt unter anderem, wie wir durch bestimmte Denkansätze und Übungen mehr Sicherheit und Gelassenheit empfinden, um mit den Anforderungen des Alltags angemessen umzugehen.

Auch die integrative Medizin, deren Anerkennung in den vergangenen Jahrzehnten stark zugenommen hat, ist dafür hilfreich. Sie verbindet konventionelle Schulmedizin mit bewährten naturheilkundlichen Verfahren. Dazu gehört auch Entspannung mithilfe von körperlichen Übungen wie Yoga, die gezielte Steuerung der Gedanken, zum Beispiel durch Meditation, sowie eine bewusste Ernährung.

Schon als junge Assistenzärztin an der Uni interessierte ich mich für ganzheitliche Medizin. So machte ich zügig nach meiner Facharztprüfung eine Zusatzausbildung für Naturheilverfahren. Aus meiner Sicht ist die ideale Grundlage für eine moderne, nachhaltige Kinderheilkunde die Kombination aus Schulmedizin und Neurowissenschaft, unterstützt von Erkenntnissen der Pflanzenheilkunde. So lassen sich Krankheiten von Kindern optimal behandeln.

Kinder zeigen uns außerdem immer wieder, wie schnell sie Krankheiten aus eigener Kraft ohne Hilfe von Medikamenten bekämpfen können. Diese Selbstheilungsfähigkeit hängt jedoch in hohem Maße von der Ruhe und Ausgeglichenheit der Eltern ab.

Zahlreiche Studien belegen inzwischen, dass chronischer Stress nicht nur für die Gesundheit von Müttern und Vätern schädlich ist, sondern auch für die Entwicklung der Kinder. Also sind die Stressreduktion und davor die Änderung der Denkmuster doppelt wichtig: für die Gesundheit und das Wohlbefinden von Eltern *und* Kindern.

Wenn wir Ärztinnen / Ärzte es schaffen, die Sorgen und den Stress der Eltern zu reduzieren, erreichen wir weitaus mehr, als wenn wir nur Diagnosen stellen, Medikamente verschreiben, chirurgische Eingriffe durchführen oder Therapien empfehlen. Denn all das greift immer erst im Nachhinein.

Die logische Weiterentwicklung unserer Arbeit heißt für mich: präventive Medizin. Immer mehr Symptome und Krankheitsbilder entstehen stressbedingt, darunter Bluthochdruck, Erschöpfungsdepressionen, Herz-Kreislauf- oder Autoimmunerkrankungen. Der Stress wiederum hängt mit den eigenen Gedanken, Haltungen und Lebenseinstellungen zusammen.

Die gute Botschaft ist: Unser Gehirn ist stets lernfähig und somit veränderbar. Früher gingen Hirnforscher davon aus, dass wir sind, wie wir sind. Aber das Gegenteil ist der Fall: Das Gehirn kann seine Zellen und Verbindungen immer wieder ändern und neu ordnen. Wir können unser Denken umprogrammieren. Eltern können also lernen, sorgen- und stressfreier zu denken.

Warum »vorteilhaftes Denken« so wichtig ist

Wir Kinderärztinnen / Kinderärzte sollten uns daher nicht nur auf die Behandlung von Kinderkrankheiten beschränken, sondern Eltern auch bei der Stressbewältigung zur Seite stehen. Doch bleibt im eng getakteten Praxisalltag dafür oft wenig Raum.

Auch um diese Lücke zu schließen, habe ich dieses Buch geschrieben, das sich nicht nur an Eltern, sondern gleichermaßen an Ärztinnen / Ärzte und alle anderen Interessierten richtet.

Ich will Eltern zusätzlich zur medizinischen Beratung konkrete Hilfe zur Verfügung stellen, um mit Angst und Stress umzugehen. Dieses Hilfsmittel aus der Mind-Body-Medizin nenne ich *Beneficial Thinking*, auf Deutsch: vorteilhaftes Denken.

Beneficial Thinking ist eine einfache, ohne ärztliche Hilfe durchführbare »Denkstrategie«, die es Eltern ermöglicht, in vielen alltäglichen Stresssituationen ihre Gedanken in eine vorteilhafte Richtung zu lenken. Mit zunehmender Übung werden Eltern merken, dass sie gelassener, achtsamer und zufriedener werden. Auch hilft uns *Beneficial Thinking*, selbstbewusster und sicherer mit unseren Kindern umzugehen.

Dadurch wird der Alltag mit Kindern nicht nur stressärmer. Man trifft auch bessere Entscheidungen. Und das beeinflusst in vielen Fällen die Gesundheit der Kinder wesentlich.

Was Sie in diesem Buch erwartet

Ich möchte Ihnen mit diesem Buch zeigen, wie Sie – auch im Krankheitsfall – gelassen mit Ihren Kindern umgehen können, damit sie gesünder und glücklicher aufwachsen.

Das Ziel ist vor allem, bei Problemen mit unseren Kindern zu erkennen und zu unterscheiden, ob die jeweilige Situation noch akzeptabel ist oder etwas getan werden muss.

Gelassenheit lässt sich nicht per Knopfdruck erzielen, aber jeder Mensch kann sie erlernen. Was genau bedeutet Stress? Wie gehen wir mit unseren Ängsten um? Wieso übertragen sie sich so schnell auf Kinder? Wenn wir anders denken lernen, wird das Familienleben leichter, entspannter und freudvoller.

Dreh- und Angelpunkt bei diesem Prozess ist unser Gehirn. In Grundzügen erkläre ich seinen Aufbau. Wenn wir verstehen, wie es funktioniert und woher unsere Ängste kommen, haben wir einen ersten Schritt getan, um der Sorgenfalle zu entkommen.

Anschließend stelle ich Ihnen das Prinzip des *Beneficial Thinking*, des »vorteilhaften Denkens«, vor. Ich beschreibe und erkläre einzelne Übungen, die Ihnen dabei helfen, Ihre Gedanken bewusst zu steuern, die Ausschüttung von Stresshormonen deutlich zu reduzieren und zufriedenstellende Lösungen für akute Probleme zu finden.

Im zweiten Teil des Buches wird es ganz konkret: Ich nehme Sie mit auf eine Reise durch die Welt der Kinderheilkunde und stelle Ihnen die wichtigsten Entwicklungsphasen und die häufigsten Krankheitsbilder vom Baby- bis zum Jugendalter vor. Sie finden Behandlungsvorschläge aus Schulmedizin und Pflanzenheilkunde sowie die passenden Übungen, um gelassener mit Krankheiten umzugehen.

Ich erkläre, worauf es ankommt (und worauf nicht!). Das soll Ihnen Klarheit und Orientierung geben im Dschungel der überall kursierenden Warnungen, Tipps und unbedingten Empfehlungen.

Die Welt ist kompliziert, das Leben nicht immer einfach. Aber das Selbstverständlichste, das Unkomplizierteste ist in der Regel die Liebe zu Ihrem Kind und der Wunsch, dass es gesund und fröhlich aufwächst. Mit diesem Buch möchte ich Ihnen meine Hilfestellung dazu anbieten – für einen entspannten und glücklicheren Umgang mit ihren Liebsten.

KINDHEIT IN ADDIS ABEBA

Glauben und Vertrauen

Dieses Buch ist geprägt durch die jahrelange Arbeit in meiner Kinder- und Jugendarztpraxis und durch meine eigenen Erfahrungen als Mutter zweier Söhne. Ich hätte es so aber nicht schreiben können ohne meine wechselvolle Geschichte zwischen verschiedenen Ländern, Kulturen und Traditionen: Beginnend mit meiner trotz Bürgerkrieg, Armut und Hunger glücklichen Kindheit in Äthiopien über mein Stipendium für ein Medizinstudium in Ungarn bis zu meinem Start als Ärztin in Deutschland.

»Eine glückliche Kindheit in unsicheren Zeiten«

Was stabilisiert Kinder und ihre Familien, was macht sie widerstandsfähig und zufrieden, selbst in solch unsicheren Lebensumständen? Was ich heute medizinisch und psychologisch untermauern kann, finde ich sehr früh in vielen Aspekten meines Lebens vor.

Ich bin in Addis Abeba, der Hauptstadt von Äthiopien, geboren und aufgewachsen, in einer bürgerlichen, recht wohlhabenden Familie. Meine Mutter war eine orthodoxe Christin, die ihre Religion als Stütze für ihr ganzes Leben nutzte. Sie war ehrgeizig und zielstrebig. Obwohl sie sechs

Kinder hatte, holte sie ihr Abitur in der Abendschule nach und absolvierte eine Handelsschule, anschließend arbeitete sie lange in Teilzeit für verschiedene Unternehmen.

Durch sie lernte ich früh, keine Angst zu haben und zu vertrauen. Für sie ist bis heute nichts unmöglich.

Mein Vater entstammte der indischen Brahmanen-Kaste. Er war Hindu, ein sehr gebildeter, weitsichtiger Mann. Er arbeitete im Außenministerium des Kaisers von Äthiopien, außerdem war er als Chefkorrespondent für die Nachrichtenagentur Reuters zuständig für ganz Afrika. Als Diplomat reiste und arbeitete er dementsprechend viel. Er hatte immer gute Laune. Von ihm lernte ich, wie Menschen durch ihr Verhalten und den guten Umgang mit anderen Menschen Umstände positiv beeinflussen können.

Die Bildung ihrer Kinder war meinen Eltern das Wichtigste, war sie doch der einzige Weg, in Afrika der Armut zu entfliehen. So steckten sie ihr ganzes Geld in eine englischsprachige Privatschule, die meine Geschwister und ich besuchten. Meine Kindheit war wunderschön, lebhaft und fröhlich, anders als für viele andere Kinder in Äthiopien.

In meiner Kindheit waren die meisten Menschen in unserem Land arme Bauern, und es war normal, viele Kinder zu haben. Sie wurden als Geschenk Gottes und als Glücksbringer betrachtet und mit Freude und Liebe großgezogen. Damals fehlte es an allem: Es gab wenige Ärztinnen / Ärzte, kaum Schulen und viel zu wenig zu essen. Deshalb war die Säuglings- und Kleinkindersterblichkeit sehr hoch.

Dennoch erschienen mir die Menschen entspannter als hier, vielleicht sogar glücklicher. Die Kinder aßen, was es gerade gab, liefen oft viele Kilometer weit barfuß zur Schule und spielten miteinander, wenn sie nicht gerade auf das Vieh der Eltern aufpassen oder anderweitig helfen mussten. Vor allem Mädchen trugen dazu bei, Einkäufe zu erledigen, zu kochen, zu putzen und Wäsche zu waschen.

Ein Freizeitprogramm, wie wir es heute kennen, mit Krabbelgruppen, Musikkursen oder Schwimmstunden, gab es nicht.

Ich bin mit fünf Geschwistern aufgewachsen. Wir hatten Glück, keiner von uns wurde ernsthaft krank. Wir hatten Krankheiten wie alle Kinder dieser Welt: Infektionen der oberen Atemwege, Läuse und Würmer. Keine Mutter und kein Vater wäre auf die Idee gekommen, damit zum Arzt zu gehen. Ärzte waren rar und nur für schwere Krankheiten zuständig.

Wenn wir krank wurden, hat unsere Mutter Weihwasser besorgt oder uns mit Gewürzen und Heilpflanzen behandelt. Es gab eine Apotheke in der Nähe, neben Schmerzmitteln und fiebersenkenden Arzneien gab es dort nur eine Art von Antibiotikum, Penicillin, das aber schwer kranken Kindern vorbehalten war. Die wenigen Arztpraxen waren heillos überfüllt, die Krankenhäuser ebenfalls. Nur im schlimmsten Fall sind wir dorthin gegangen.

Mit ungefähr acht Jahren sah ich jeden Mittwoch die amerikanische Arztserie »Medical Center« mit Chad Everett als Chirurg und Hauptdarsteller. Ich war sofort in ihn verliebt, ließ keine Episode aus und beschloss, selbst Ärztin zu werden.

Meine Mutter war immer ruhig, wenn wir krank wurden. Sie wirkte, als hätte sie niemals Angst um uns. Vielleicht hat ihr eine Gewohnheit dabei geholfen: Jeden Abend um halb sechs stellte sie sich ans Fenster, streckte die Arme zum Himmel und betete. Egal, was wir in der Zeit von ihr wollten – sie ignorierte uns. Bald verstanden wir, dass es nichts brachte, in dieser Zeit an ihrem Rock zu ziehen – wir mussten einfach warten, bis sie fertig war. Diese Zeit gehörte nur ihr.

Inzwischen habe ich gelernt, dass genau das alle Mütter machen sollten: sich täglich bewusst aus dem Alltag zurückzuziehen, ganz gleich, ob sie in der Zeit beten, Yoga machen oder ein Buch lesen. Nach einem langen Tag sollten wir alle einmal innehalten und zur Ruhe kommen. Inzwischen empfehle ich vielen Eltern eine Dosis von zweimal zwanzig Minuten. Das stärkt unser Anti-Stress-System.

Als ich ungefähr zehn Jahre alt war, brach in Äthiopien der Bürgerkrieg aus. Addis Abeba wurde zum Schauplatz von Gewalt: Menschen verschwanden oder wurden erschossen, immer wieder sah ich auf den Straßen Blutlachen.

Ein paar Jahre später, ich war 13 Jahre alt und der Konflikt noch immer in vollem Gange, schickte mich meine Mutter trotzdem morgens früh um fünf Uhr Brot holen, wenn draußen alles ruhig war. Sie hatte offenbar keine Angst, und ich auch nicht. Ich lief zur Bäckerei, schlüpfte hinein, schnappte die Brote und flitzte wieder nach Hause – wenn ich Glück hatte, konnte ich noch ein bisschen schlafen.

Hierzulande geht die größte Gefahr in den Städten vom Straßenverkehr aus. Im Laufe der Grundschulzeit haben aber wohl alle Kinder gelernt, auf der Straße aufzupassen. Ich frage mich manchmal, wieso viele Eltern in entwickelten, friedlichen Ländern Angst haben, ihre großen Kinder zum Bäcker um die Ecke gehen zu lassen. Könnte eine Aufgabenteilung in der Familie nicht auch wertvolle Kompetenzen vermitteln – und dabei den Stress der Eltern noch reduzieren?

Der Krieg in Äthiopien wurde immer schlimmer und führte in den ländlichen Regionen zu einer Hungerkatastrophe, wie es sie auf der Welt bis dahin noch nicht gegeben hatte. Auch in der Hauptstadt wurden Nahrungsmittel und Wasser knapp, aber auch Benzin und Elektrizität. Dennoch hatten wir Kinder keine Angst, denn wir haben von den Sorgen unserer Eltern nichts mitbekommen. »Geht bitte raus – das, was wir besprechen, ist nichts für Kinderohren«, hieß es oft.

In meiner Kindheit gab es eine klare Hierarchie, in der Eltern und ältere Menschen respektiert werden mussten. Vielleicht war es auch diese Distanz, die uns vor der grausamen Wahrheit des Krieges geschützt hat. Wir haben nicht widersprochen und wollten auch nichts verstehen, wir wollten nur spielen. Genauso wie alle anderen Kinder auf dieser Welt.

In den westlichen Industrieländern wird moderne Pädagogik oft damit in Verbindung gebracht, dass Kind und Eltern auf Augenhöhe miteinander umgehen sollen. Vieles wird mit den Kindern durchdiskutiert, und alle »Was-ist-wenn«-Fragen werden ausführlich beantwortet.

Das ist in vielerlei Hinsicht gut und sinnvoll. Doch manchmal habe ich den Eindruck, dass hier der Bogen etwas überspannt wird. Eltern leiten ihre Kinder schließlich für das Leben an, und dazu müssen sie auch über ihnen stehen und manchmal als eine Art Filter agieren.

Es hätte damals nicht viel schlimmer kommen können. Doch statt laut und panisch wurde es bei uns zu Hause leise und ruhig. Es war so, als hätten meine Eltern den Stress ausgesperrt. Obwohl wir das Gelände unseres Hauses bald nicht mehr verlassen durften, litten wir nicht darunter, wir spielten weiter unbehelligt mit den Nachbarskindern.

Ich kann mich nicht daran erinnern, dass meine Eltern jemals Angst gezeigt hätten. So bereiteten sie mir eine glückliche Kindheit in unsicheren Zeiten.

Natürlich war ich in meiner Kindheit auch manchmal traurig. Im Jahre 1974 wurde der Kaiser gestürzt, die Kommunisten übernahmen das Regime und mein Vater verlor seine Arbeit. Da meine Eltern kein Geld mehr für die teure Privatschule hatten, mussten wir sie verlassen. Für mich begann damit ein neues Leben.

Abschied und Entfaltung

Als ich sechzehn Jahre alt war und die Schule beendet hatte, wollte ich studieren. In Addis Abeba war es an der Uni aber nicht sicher – viele Studenten wurden verhaftet und eingesperrt, manche auch umgebracht. Ich hatte Glück und erhielt ein Stipendium für ein Medizinstudium in Ungarn.

»Wer kein Vertrauen hat, kann sich nicht trauen«

Meine Mutter verabschiedete mich am Flughafen mit den Worten: »Gib Gott all deine Probleme. Hab niemals Angst. Er erledigt alles, was du selbst nicht schaffst!« Wir umarmten uns.

Ihnen, liebe Leserinnen und Leser, werden in diesem Buch immer wieder Geschichten aus meiner Kindheit begegnen, doch für mich war es an dieser Stelle ein Abschied für lange Zeit von Äthiopien, und es war ein Abschied von meiner Kindheit und meiner Familie.

Ich flog nach Ungarn, in ein mir fremdes Land, dessen Sprache ich nicht sprach – und dennoch ruhte tief in mir ein Urvertrauen, ich glaubte an mich und das Leben an sich. Trotz des Bürgerkriegs und der Hungersnot in Äthiopien, der politischen Instabilität und der Existenzsorgen, haben mir meine Eltern nicht Ängste und Stress, sondern Stabilität und Sicherheit mitgegeben. So legten sie die Basis dafür, dass ich mich im Erwachsenenalter entfalten konnte. Denn: Wer kein Vertrauen hat, kann sich nicht trauen.

Heute erlebe ich in meiner Praxis viele verunsicherte Eltern. Sie sind allesamt tolle Mütter und Väter, die sich Mühe geben, alles richtig zu machen. Aber ihnen ist der Instinkt abhandengekommen. Sie haben Angst, dass ihrem Baby oder Kleinkind etwas Schlimmes passieren könnte oder dass sie selbst etwas Wichtiges versäumen könnten bei der Gesundheit oder der Entwicklungsförderung ihres Kindes. Oft aber sind das auf die Zukunft projizierte Ängste.

Vielleicht kommen sie auch daher, dass den Eltern die Wurzeln in der Vergangenheit fehlen. In unserer modernen Gesellschaft werden Traditionen kaum gepflegt. Es gibt nur noch wenige Haushalte, in denen mehr als zwei Generationen zusammenleben. Die Erfahrungen von Groß- oder sogar Urgroßeltern im Umgang mit Kindern spielen kaum noch eine Rolle. Eltern wollen oder müssen heute alles selbst entscheiden und neu erfinden – und das stresst sie. Der Stress wiederum raubt ihnen die Freude, nach der wir alle – und allen voran unsere Kinder – streben.

1.

Welches Denken zum richtigen Handeln führt

DIE GROSSE ANGST DER ELTERN

In den ersten drei Lebensjahren stehen bei den meisten Eltern Fragen zu Infektionen, zur Ernährung und zum Schlafverhalten im Vordergrund. Die Ängste beginnen schon in den ersten Wochen der Schwangerschaft, und werden immer größer. Die Freude, das gesunde Baby im Arm zu halten, hält nicht lange an.

»Mangelndes Vertrauen ins Leben bewirkt Verunsicherung, Anpassungsschwierigkeiten und Stress – das kann zu Krankheiten führen«

- »Entwickelt sich mein Kind nicht normal? Was kann im schlimmsten Fall passieren?«
- »Ich möchte nicht, dass das chronisch wird.«
- »Es muss aber jetzt was passieren, so geht es nicht weiter.«

Auch wird die Beobachtung des eigenen Kindes zunehmend detaillierter – und so wachsen auch die Sorgen.

»Mein Baby kann nicht ruhig schlafen.«
»Mein Baby hält den Kopf nicht stabil hoch.«
»Mein Baby krabbelt nicht so wie andere Babys.«
»Mein Kind hat gerade gelernt zu laufen, aber es stolpert ständig, und überhaupt ist es nie gekrabbelt.«
»Mein Kind spricht keine vollständigen Sätze.«

Im Kindergartenalter ändert sich der Fokus, nun stehen andere Ängste im Vordergrund: Kinder, die in den ersten Jahren kaum Infekte hatten, machen nun alle möglichen Krankheiten durch. Hinzu kommen Sorgen um die Norm. Die Zahl der Kindergartenkinder, die angeblich in ihrer Sprachentwicklung verzögert sind oder in ihrer Fein- und Grobmotorik nicht mithalten können und Frühförderung brauchen, nimmt absurde Ausmaße an.

Später kommen verhältnismäßig viele Kinder auf Veranlassung ihrer Schule zu mir, damit Krankheiten ausgeschlossen oder Wunschrezepte ausgestellt werden. Viele Eltern berichten mir von der Erwartungshaltung, dass alle Kinder einwandfrei lesen und schreiben können.

Tun sie dies nicht, steht die Diagnose Lese-Rechtschreib-Schwäche an. Wer nicht gut in Mathe ist, hat eine Dyskalkulie, wer nicht still sitzt und zuhört, leidet an ADHS. Kinder, die in der Schule stören, können nur hochbegabt und unterfordert sein. Mit Diagnosen wird um sich geworfen wie mit Kamellen an Karneval.

Auch die Medienwelt hat unseren Umgang miteinander revolutioniert. Kinder sitzen stundenlang allein vor ihren Spielkonsolen und Smartphones, was schnell zu Konzentrationsstörungen führen kann.

Gleichzeitig sollen Kinder jedoch früh den Umgang mit Medien und Internet lernen. Da sind Apps, die angeblich die Entwicklung der Kinder fördern. Andererseits ist da wieder das Problem, dass sitzende Kinder unbeweglich werden und an Gewicht zunehmen. Nur richtig scheint es niemand zu machen.

Die gesellschaftliche Erwartungshaltung an Eltern und ihre Kinder ist heute immens. Auf den Schultern der Eltern ruht die Last, ihre Kinder in jeder Hinsicht bestens für das Leben zu wappnen – sei es im Hinblick auf Bildung, Gesundheit oder andere Fertigkeiten wie Musizieren, Sprachen, Sport und vieles mehr.

All diese Aspekte vergrößern den Druck auf Eltern, was dazu führt, dass sie noch ängstlicher werden. Ein Teufelskreis.

Die sieben Jahre alte Chiara hat Probleme in der Schule. Sie weigert sich, die Aufgaben zu erledigen. Chiaras Mutter erklärt mir, dass sie mit Chiara montags zur Verhaltenstherapie, dienstags zur Kinesiologie, mittwochs zur Ergotherapie und donnerstags zum Neurofeedback (einer computergestützten Methode zur Steigerung der Konzentrationsfähigkeit) geht. Da Chiara wiederkehrende Kopfschmerzen hat, muss sie auch noch regelmäßig zum Osteopathen.

Ich war sprachlos, als ich das hörte, und schaute Chiara an. »Ist das nicht etwas viel?«, fragte ich vorsichtig. »Und wie machen Sie das überhaupt? Einer muss doch Chiara jeden Tag zu all den Therapien bringen.«

»Was gemacht werden muss, muss gemacht werden. Ich habe meinen Job geschmissen. Sonst würde das Kind vor die Hunde gehen. Wir wissen, dass es etwas viel ist, aber wir müssen Gas geben, sonst verpasst sie den Anschluss und wir haben ein echtes Problem.«

Chiara lächelt leicht, sie sitzt die ganze Zeit vor mir mit gesenktem Kopf. »Sag mal, Chiara, was ist mit deinen Freundinnen?«, frage ich sie. Chiara hält den Kopf weiter gesenkt, lächelt leicht und schweigt.

»Dafür haben wir gerade keine Zeit«, sagt ihre Mutter, »aber bald wird alles wieder gut.«

Szenen wie diese erlebe ich regelmäßig in meiner Praxis: Eltern wollen sofort und oft prophylaktisch eine Therapie für ihr Kind. Ergotherapie, Logopädie und mindestens ein Rezept für den Osteopathen. Und das alles am besten schon direkt nach der Geburt, sozusagen »für alle Fälle, kann ja nicht schaden«.

Bei gesunden Babys sollen dann zügig Blockaden gelöst werden, weil sie viel weinen oder pupsen. Vierjährigen Jungs soll die Konzentrationsschwäche genommen werden, und zum besseren Hören könnte eine Therapie ebenfalls nicht schaden. Kinder mit Migrationshintergrund sollten auf jeden Fall zur Sprachtherapie, damit sie die deutsche Sprache auch wirklich richtig lernen. Diese Kinder sind jedoch alle gesund! Sie brauchen keine Therapien.

Es ist ein natürlicher Instinkt, wenn Eltern sich wünschen, dass es ihren Kindern gut geht, sie sich möglichst gesund entwickeln und die besten Chancen im Leben bekommen. Aber dieser Impuls wird oftmals so übersteigert, dass er sich ins Gegenteil verkehrt. Denn dieser Lebensstil, alles Mögliche nur »für alle Fälle« zu machen und dem Leben ohne Vertrauen zu begegnen, hat seinen Preis. Er bedeutet Stress, denn all diese Aktivitäten wollen in die Wege geleitet, koordiniert und regelmäßig durchgeführt werden.

Auch für die betroffenen Kinder ist das ein immenser Druck. Für sie ist es so, als ob alles aus ihnen herausgepresst werden sollte. Als ob es nicht reicht, so zu sein, wie sie sind. Sie genügen nicht. Für das Wichtigste, das Spielen mit anderen Kindern, ist dann keine Zeit mehr. Darüber hinaus bewirkt der Mangel an Vertrauen ins Leben eine tiefe Verunsicherung innerhalb der familiären Beziehungen und darüber hinaus. Doch nicht nur das: Unsicherheit und Angst können, wenn die Kinder älter sind, zu Essstörungen, Suchtverhalten oder psychischen Krankheiten wie Depressionen führen.

Diesen Kreislauf der Sorgen gilt es zu durchbrechen.

Um die entsprechenden Denkmuster und Einstellungen zu verändern, gibt es Übungen, die auf den Erkenntnissen der Neurowissenschaften und der Mind-Body-Medizin basieren. Sie werden sehen, dass diese oft gar nicht so schwierig und trotzdem sehr effektiv sind.

Starten wir mit einem Ausflug in die Kommandozentrale unserer Gedanken, Sorgen und Ängste – in unser Gehirn.

DIE KOMMANDOZENTRALE UNSERES KÖRPERS

Das Gehirn

Gerade für uns Kinder- und Jugendärztinnen und -ärzte sind die Erkenntnisse aus den vergangenen 50 Jahren Hirnforschung sehr wichtig. Wir können damit viele Verhaltensweisen unserer kleinen Patienten und auch ihrer Eltern viel besser verstehen, und das macht es uns möglich, bessere und klarere Empfehlungen auszusprechen.

Wir wissen mittlerweile, dass unser Gehirn nicht starr, sondern viel flexibler und anpassungsfähiger ist, als wir angenommen hatten. Wir können also lernen, die Strukturen in unserem Gehirn zu unserem Vorteil zu verändern, und damit nicht nur unser Leben und unsere Entscheidungen, sondern auch das Leben unserer Kinder und Mitmenschen positiv zu beeinflussen.

»*Betrachten wir unser Denkorgan als Eis mit drei Bällchen*«

Der berühmte Hirnforscher Paul MacLean teilt das Gehirn in drei Bereiche ein: das Stammhirn, das Mittelhirn und die Hirnrinde. Sie können sich die Struktur vorstellen wie ein Eis mit drei Bällchen: Die erste Kugel, die in die Waffel einsinkt, ist der Hirnstamm. Die Kugel darüber ist das Mittelhirn, und die ganz oben ist die Hirnrinde.

Das Stammhirn – es steuert überlebenswichtige Funktionen

Unser Stammhirn *(Medulla Oblongata)* ist die Verlängerung des Rückenmarks aus dem Hals heraus und endet im Gehirn. Es hat sich in der Evolution als Erstes entwickelt und ist der primitivste und älteste Teil des menschlichen Gehirns. Es bildet also tatsächlich den Stamm. Hier werden die überlebenswichtigen Funktionen des Körpers gesteuert, wie zum Beispiel die Atmung oder unser Herz-Kreislauf-System.

»Kinder schaffen es immer wieder, das Krokodil in uns zu wecken«

So übernimmt das Stammhirn etwa die Kontrolle über unseren Körper, wenn wir bewusstlos sind oder nicht denken können. Es läuft immer weiter – wie ein Motor, der noch funktioniert, wenn die Elektrik längst ausgefallen ist.

Das Stammhirn wird manchmal auch als Reptilienhirn bezeichnet, weil Reptilien vereinfacht gesagt nur dieses eine Hirn besitzen. Reptilien denken nicht wie wir, sie handeln reflektorisch. Krokodile oder auch Eidechsen fressen und paaren sich, sie schlafen, fliehen oder attackieren Feinde. Das alles sind Handlungen, die das Überleben der Art sichern. Das Krokodil schnappt sich die Beute, frisst zügig, bis es satt ist, und schläft. Wenn Gefahr droht, flieht es.

Wenn Menschen Gefahr droht, schaltet sich dieses Notaggregat an und sagt uns: »Kämpfen oder fliehen!« Wenn Eltern gestresst sind, ausrasten, ihre Kinder anschreien oder sie sogar schlagen, ist das oft nichts anderes als unüberlegtes primitives Verhalten, wodurch sie sich plötzlich in ein kämpfendes Krokodil verwandeln. Kinder schaffen es immer wieder, das Krokodil in uns zu wecken.

Das Mittelhirn – hier sitzen die Emotionen

Das Mittelhirn liegt wie ein Saum über dem Stammhirn. Aus diesem Grund wird das Mittelhirn auch limbisches System genannt (Saum heißt auf Lateinisch *limbus*).

Hier ist der Sitz der Emotionen, der Gefühle und des Gedächtnisses. Jedes Säugetier verfügt über ein Mittelhirn – anders als zum Beispiel Krokodile oder Fische. Im Mittelhirn befinden sich zwei wichtige Bereiche: die *Amygdala* (lateinisch für: Mandelkern) und der *Hippocampus* (lateinisch für: Seepferdchen).

»Das Mittelhirn verwaltet unsere Gefühle und beherbergt große Teile des Gedächtnisses«

Der Mandelkern – hier werden die Sinneseindrücke verarbeitet

Unsere *Amygdala* (Mandelkern) ist wie ein Detektiv, der nie schläft. Sie bekommt Signale von den Sinnesorganen und verarbeitet die ankommenden Impulse.

Alles, was wir riechen, hören, tasten, spüren, schmecken und sehen, wird von den Sinnesorganen zu diesem kleinen

Mandelkern geleitet, von ihm aufgenommen, kategorisiert und in verschiedenste Emotionen übertragen.

Diese Informationen werden automatisch an das nebenan befindliche Seepferdchen (siehe unten) kommuniziert, unser Erinnerungszentrum, das Erfahrungswerte speichert und dafür sorgt, dass wir eine Emotion oder ein Gefühl empfinden und ein Stück weit auch wieder abrufen können.

»Schon ein Gedanke kann eine Kettenreaktion auslösen, die Botenstoffe durch den ganzen Körper schickt«

Davor ist aber zunächst der kleine Mandelkern in unserem Gehirn für alles zuständig, was mit Emotionen und Gefahr zusammenhängt. Werden wir auf der Straße angegriffen, schaltet sich als Erstes die Amygdala ein. Durch sie sind wir in der Lage, Ängste und Sorgen zu fühlen, und durch sie nehmen wir Stress wahr.

Wenn wir uns erschrecken oder Gefahr bemerken, veranlasst die Amygdala eine Kettenreaktion, die in verschiedenen Orten im Körper zu einer sofortigen Freigabe von sogenannten Stresshormonen wie Kortisol, Noradrenalin und Adrenalin ins Blut führt. Allein ein Gedanke kann diese Kettenreaktion auslösen.

Wenn wir erfahren oder auch nur glauben, dass unsere Kinder krank werden, geschieht genau das. Schon eine Diagnose kann diese Kettenreaktion auslösen, und wir spüren, wie durch die Ausschüttung der Stresshormone unsere Knie weich werden und unser Mund austrocknet.

Auch der Puls steigt, damit das Blut schneller durch den Körper fließt. Ist der Stress hoch, wird die Nebennierenrinde ständig von Nerven und Botenstoffen »informiert«, doch bitte noch mehr Kortisol und Adrenalin in die Blutbahn zu setzen.

Diese Achse ist ein zentraler Bestandteil des sogenannten

sympathischen Nervensystems. Es ist eine Reiz-Reaktions-Verbindung, die unbewusst abläuft und, einmal in Gang gesetzt, nicht mehr bewusst vom Gehirn kontrolliert werden kann.

Eigentlich haben die Stresshormone sehr nützliche Funktionen. Sie sollen uns bei der Anpassung an Veränderungen im Leben helfen und verschaffen uns die nötige Energie dazu. So geben sie uns etwa Kraft, wenn wir weglaufen oder kämpfen müssen. Es ist letztlich eine Verstärkung des Stammhirn-Konzeptes »Kämpfen oder Fliehen«.

Doch während das Stammhirn das Konzept vor allem bei akuter Gefahr in Gang setzt – etwa bei einer heranrauschenden Straßenbahn –, reichen für die Aktivierung der Achse über die Amygdala auch schlechte Gedanken, wie Unzufriedenheit, Kummer und Unglücklichsein, als Stress. In der Fachsprache werden alle Faktoren, die unsere Amygdala dazu bringen, das sympathische Nervensystem zu aktivieren, Stressoren genannt.

Die Amygdala ist aber nicht nur zuständig für Stress und Angstgefühle, sondern auch für alle positiven Gefühle, die wir empfinden. Dazu gehören unter anderem Glück und Bindungsgefühle.

In der Evolution unterschieden sich Säugetiere im Allgemeinen und der Mensch im Besonderen schon früh von anderen Lebewesen dadurch, dass sie soziale Bedürfnisse hatten. Sie lebten in Herden, wanderten gemeinsam umher und beschützen sich gegenseitig auf der Suche nach Nahrung. Im Laufe der Zeit prägten sich diese Bedürfnisse immer stärker aus. Es entstanden Gefühle der Bindung wie Liebe, Empathie, Dankbarkeit, Respekt, Demut, Trauer, Freude, Angst und Hass.

Die Amygdala nimmt all diese Emotionen auf.

Das Seepferdchen – ein Tierchen mit enormem Gedächtnis

Eng benachbart zur Amygdala liegt ein anderer Teil des Mittelhirns, der *Hippocampus* (Seepferdchen). Der Name kommt von der gebogenen Form, die dem Tier ähnelt. Der Hippocampus ist zuständig für unser Kurzzeitgedächtnis und Erinnerungsvermögen. Wenn der Detektiv Amygdala etwas spürt, wird das Seepferdchen aktiv und liefert sofort dazu passende Informationen.

»Der Hippocampus ist wie eine intelligente Festplatte, die verarbeitet und speichert, was wir erleben – und das schon ab der Zeit im Mutterleib«

Unsere Erlebnisse im Alltag werden permanent mit den Erinnerungen im Hippocampus abgeglichen und entsprechend bewertet: »Das war schlecht, das war gut, und als du das gemacht hast, gab es Probleme und du hast Ärger bekommen. Das machst du besser nicht noch mal.«

Der Hippocampus ist wie eine intelligente Festplatte, die alles aufnimmt, was wir erleben, und sie wird bereits im Mutterleib aktiviert. Sie speichert unsere ganze Kindheit mit ihren Erlebnissen und Beobachtungen ab, auch wenn wir uns später nicht bewusst daran erinnern. Die hier gesammelten Informationen sind nicht nur wichtig für unser Überleben. Die Erfahrungen und Erinnerungen prägen auch unser Verhalten und unsere Meinungen.

Emotionen und Erlebnisse, also Amygdala und Hippocampus, sind wie Zwillinge.

Vereinfacht gesagt erinnern wir uns mit ihnen an unsere

Erlebnisse, und wir reagieren mit der passenden Emotion wie Freude oder Trauer, Wut oder Angst darauf.

Die Erlebnisse sind wie ein Film im Hippocampus gespeichert. Er hat die Bilder der Vergangenheit fein säuberlich aufgezeichnet. Die damit verbundenen Emotionen wiederum nähren Urteile und Vorurteile, und so entstehen Handlungsabläufe, die auf Erfahrungen beruhen.

Vor allem die gefährlichen oder schlimmen Erinnerungen werden sehr sorgfältig aufbewahrt. Das ist eine Art Schutzmechanismus, um Fehler nicht zu wiederholen.

Leider erlebe ich in meiner Praxis oft, dass Eltern zu sehr mit der Vergangenheit beschäftigt sind oder mit der Zukunft. Viel zu selten schauen sie sich die Gegenwart genau an.

Das Großhirn – Ort des Denkens und Entscheidens

Das Großhirn ist der jüngste Teil unseres Gehirns. Wenn Sie sich an das Bild mit der Eiswaffel erinnern: Es sitzt ganz oben im Gehirn und heißt deshalb auch vordere Hirnrinde oder auf Lateinisch *präfrontaler Cortex*. Mit diesem Teil des Gehirns denken wir. Mit ihm sind Menschen in der Lage, Pläne zu schmieden, sie auszuführen oder zu verändern. Hier sitzt auch die Fähigkeit, die Zukunft zu visualisieren.

»Gedanken bringen Lösungen«

Denken bedeutet, Bilder aus dem Langzeitgedächtnis aufrufen zu können, die Gegenwart wahrzunehmen, sich die Zukunft vorstellen und planen zu können. Das Großhirn empfindet keine Emotion. Es denkt nämlich ausschließlich rational, es speichert Fähigkeiten ab. Diese Fähigkeiten werden wie kleine Straßen im Gehirn angelegt. Hier werden motorische Abläufe, Gedanken und Wissen memoriert. Gedanken bringen Lösungen.

Hier wird auch alles, was wir lernen, sei es das Laufen, Sprechen, Fahrradfahren oder Klavierspielen, in Nervenverbindungen gespeichert. Die jeweiligen Verbindungen bilden kleine Straßen im Großhirn.

Sorgen

Sorgen sind Gedanken, die entstehen, wenn etwas Schlimmes oder Unschönes erwartet wird. Sorgen führen selten zu Lösungen, Sorgen führen zu Angst. Wenn sich Eltern Sorgen machen, wird die Amygdala alarmiert, weil unangenehme Veränderungen vorhersehbar sind. Der Körper stellt sich auf Veränderungen ein; er schüttet Stresshormone aus. Sorgen verursachen Stress.

»Sorgen führen selten zu Lösungen, Sorgen führen zu Angst«

Eltern machen sich häufig Sorgen um ihre Kinder – vor allem, wenn sie krank sind. Aber auch wenn sie nicht zur gewohnten Zeit von der Schule nach Hause kommen. Nach einer Viertelstunde denken wir, das Kind habe die Bahn verpasst, nach einer halben Stunde ist der Puls oben, nach einer Stunde sind wir in Panik.

Wir verbinden diesen Zustand mit Bildern im Kopf. Und je dramatischer das Kopfkino, desto größer die Hormonausschüttung. Sobald die Tür aufgeht und das Kind vor uns steht, schaltet der Körper um: Er schüttet nun Substanzen aus, die uns Freude machen, und die leiten rasch Mechanismen in Gang, die diese Freude noch verstärken. Am Ende ist alles Chemie.

Diejenigen Substanzen, die für den Stress zuständig sind, fühlen sich nicht nur unangenehm an, sondern schaden uns auf Dauer auch. Wenn sie über Jahre häufig ausgeschüttet werden, vergiften sie unseren Körper und verursachen Erkrankungen wie Bluthochdruck, Gefäßverkalkungen, Immunschwäche, Übergewicht, Depressionen und Gedächtnisstörungen. Darüber hinaus blockieren die Stresshormone die Verbindung zum Großhirn, das – wie wir inzwischen wissen – für das Denken und Planen zuständig ist. Sind wir gestresst, können wir nicht mehr rational denken.

Der Mensch gewöhnt sich sehr schnell an Sorgen, er ist ein Gewohnheitstier. Unser Gehirn kann nicht unterscheiden, ob das, was wir denken, echt ist oder nur angenommen, also eine Fantasie. Auch wenn wir gemütlich auf dem Sofa sitzen und nur von stressigen Dingen träumen, haben wir ähnliche Reaktionen wie bei realem Stress. Die meisten von uns haben schon einmal während eines traurigen Films oder Buches hemmungslos geweint, und die Geschichte hat uns noch wochenlang begleitet. Und das, obwohl in der Realität nichts passiert ist.

Stress der Eltern beeinflusst die Gesundheit ihrer Kinder

Anders als früher sind heute nicht mehr Krankheitserreger unsere größten Feinde. Wir haben moderne Medikamente entwickelt und können viel schneller, viel effektiver und erfolgreicher gegen Krankheitserreger wie Viren und Bakterien kämpfen.

»Kinder spüren und übernehmen den Stress ihrer Eltern«

Eine viel gefährlichere und hartnäckigere Gefahr sind dagegen Krankheiten, die wir selbst unbewusst anregen oder unterstützen. Als Ursache für diese Krankheiten steht Stress ganz oben auf der Rangliste. Wer Stress hat, gefährdet langfristig die eigene Gesundheit.

Aber was kaum jemand weiß: Er gefährdet auch die Gesundheit unserer Nächsten. Studien zeigen: Was Eltern denken, beeinflusst die Selbstheilungskraft ihrer Kinder, in beide Richtungen.

Sind Eltern ruhig, entspannt, wirken stark und souverän, erholen sich Kinder viel schneller. Wenn Krankheiten nicht als lebensbedrohlich wahrgenommen werden, stärkt das die Abwehrkräfte.

Wenn ein Kind krank wird und Eltern deswegen oder auch aus anderen Gründen besorgt sind, spürt der Nachwuchs das genau. Der Körper reagiert auf das Verhalten, ohne dass Eltern es überhaupt bemerken. Er schüttet Stresshormone in die Blutbahn aus.

Dieser übertragene, sekundäre Stress hat Studien zufolge eine negative Wirkung auf das Immunsystem des Kindes, das am besten ohne zusätzlichen Stress funktioniert. So kann die Selbstheilungskraft des Kindes durch solche Situationen geschwächt werden.

Dagegen können Eltern die Selbstheilungsfähigkeiten ihrer Kinder effektiv anregen, wenn sie ihnen Geborgenheit und Sicherheit vermitteln und sie zum Lachen bringen. Auch deshalb gilt der Satz: »Lachen ist die beste Medizin!«

BENEFICIAL THINKING (BT) – VORTEILHAFTES DENKEN ALS STRATEGIE

Alles, was sich in unserem täglichen Leben verändert, erfordert unsere Anpassung, oft ohne dass wir es bewusst wahrnehmen.

Wenn bei diesen Veränderungen allerdings stark negative, ungünstige oder sogar gefährliche Entwicklungen vorstellbar sind, dann machen wir uns Sorgen und bekommen Angst – das gilt vor allem für Eltern in Bezug auf ihre Kinder. Unser Körper verspannt sich, er produziert reichlich Energie durch Stresshormone wie Katecholamine und Kortikoide – wir nennen diese Situation Stress.

Wenn Eltern es schaffen, ihre Sorgen gering zu halten und sich an Veränderungen im Familienleben besser anzupassen, dann entwickeln sie weniger Stress, und sie schaffen es eher, glücklich und zufrieden zu sein.

Die Strategien des *Beneficial Thinking*, des »vorteilhaften Denkens«, können dabei helfen. Das Wort »vorteilhaft« hört sich ein wenig egoistisch an, als ob man mit Scheuklappen durchs Leben läuft und nur auf sich schaut.

Das ist in diesem Fall aber nicht gemeint. Mit vorteilhaften Gedanken bezeichne ich Gedanken, die für alle zum Vorteil sind, die Menschen allgemein guttun.

Bei der Methode des *Beneficial Thinking* werden sorgenvolle, beängstigende Gedanken gegen angenehme, eben vorteilhafte Gedanken ausgetauscht.

Beneficial Thinking basiert auf Entwicklungen der Hirnforschung. Wenn Sie die Strategien regelmäßig üben und in gewissen Situationen einsetzen, lernen Sie, kontrollierter mit Ihren Sorgen und Ihrem Stress umzugehen. Das ist nicht nur vorteilhaft für Ihren Körper. Es hilft Ihnen auch, bessere Entscheidungen zu treffen.

Denn Sorgen sind unvorteilhafte Gedanken und führen selten zu konstruktiven Lösungen. Vorteilhaftes Denken – *Beneficial Thinking* – hingegen bewirkt, dass Sorgen mithilfe von anderen Gedanken zur Seite geschoben oder sogar ganz »entsorgt« werden. Das führt zu Entspannung, und die Hirnrinde wird angeregt, strukturierter zu denken und Lösungen für die jeweiligen Probleme zu finden.

Eine Lösung für ein Problem zu finden kann in vielen Fällen auch bedeuten, das Problem zu akzeptieren. Gerade in der Kinderheilkunde sind Eltern oft gezwungen, eine enorme Geduld zu haben und ihren Kindern gewissermaßen dabei zuzusehen, wie sich ihr Körper selbst heilt.

Diesem Umstand mit Akzeptanz zu begegnen, stoppt die Sorgen, die sonst erzeugt würden, und öffnet die Tür für positive Empfindungen wie Erfolgsgefühle, Mut und Hoffnung.

Eine Geschichte aus der Praxis

Sonja ist eine erfolgreiche Journalistin, wir kennen uns schon lange, und ich erlebe sie immer nur gut gelaunt. Ihre Tochter Marie ist zehn Jahre alt, ihr Sohn Lukas ist acht. Beide kenne ich seit der Geburt, beide waren immer gesund und sind fröhlich, wie die Mutter.

Wir sehen uns meistens nur zu Vorsorgeuntersuchungen und Impfungen. Deshalb wundere ich mich, als alle drei an einem Montagvormittag in die Praxis kommen.

Die Kinder sollen kurz im Wartezimmer warten, Sonja will erst mit mir allein sprechen. So unglücklich habe ich Sonja niemals erlebt.

Zu Hause bei ihr laufe alles schief, erzählt sie. Sie macht sich große Sorgen um Lukas, der seit einigen Wochen nachts einnässt. Noch mehr beunruhigt und alarmiert Sonja aber, dass Marie plötzlich unter massivem Haarausfall leidet und innerhalb kurzer Zeit eine kreisförmige Glatze in der Mitte ihres Kopfes bekommen hat, eine sogenannte *Alopecia Areata* (kreisförmiger Haarausfall).

Sonja berichtet mir auch, dass bei ihrem Mann Joachim vor einem halben Jahr ein Hirntumor festgestellt wurde. Die Gewebeprobe hat zwar gezeigt, dass der Tumor gutartig ist, aber zwei Operationen müssen erfolgen. Eine Operation wurde schon kurz nach der Diagnosestellung durchgeführt. Die zweite Operation ist geplant, der Termin ist in drei Wochen. Das belastet die ganze Familie, alle sind hochgradig gestresst.

Dass Sonja unter Morbus Crohn (einer entzündlichen Darmerkrankung) leidet, ist in dieser Gemengelage zusätzlich belastend. »Zurzeit scheint alles zu kippen. Ich weiß gar nicht, wo ich anfangen soll. Das alles strapaziert mich sehr, vor allem meine Kinder beunruhigen mich. Die OP macht mir Angst, und die Kinder bekommen das mit. Und Joachim kann das nicht abfangen, der ist natürlich selbst völlig fertig mit den Nerven«, erzählt Sonja.

Ein Zusammenhang zwischen Joachims Erkrankung, Lukas' Einnässen und Maries Haarverlust ist nicht unwahrscheinlich. Ich untersuche die Kinder und veranlasse eine Reihe von Laboruntersuchungen sowie einen Termin für Marie beim Hautarzt.

Es gibt keinen medizinisch nachweisbaren Grund für ihre

Beschwerden. Aber als Ärztin weiß ich, dass der kreisförmige Haarverlust in der Regel eine autoimmune Erkrankung ist, die häufig von Stress oder Überforderung ausgelöst wird.

Ähnlich ist das auch, wenn Jungen in Lukas' Alter plötzlich nachts einnässen – häufig stecken psychische Gründe dahinter. Und Stress hat diese Familie reichlich.

Die Kinder brauchen professionelle Hilfe. Doch die Wartezeiten für Termine bei erfahrenen Kinderpsychologen liegen bei einigen Wochen. Was in der Zwischenzeit tun?

An der Notwendigkeit der Operation kann Sonja nichts ändern, aber sie kann ihre Gedanken diesbezüglich steuern. Wenn Sonja es schafft, sie in eine vorteilhafte Richtung zu lenken und die Operation ihres Mannes als große Chance für eine bessere Zukunft zu betrachten, würden die Kinder deutlich besser mit der Situation klarkommen.

Sonja ist offen für das Konzept des *Beneficial Thinking* und hört genau zu. Ich erkläre ihr, wie unser Gehirn funktioniert und warum es wichtig und sinnvoll ist, in bedrohlichen Situationen einen Plan zu haben. Einen Plan, um nicht verwirrt und verängstigt auf der Strecke zu bleiben.

Sonjas Gehirn hat die Gehirnoperation ihres Mannes als höchste Gefahr eingestuft. Gehirnoperationen, das lesen und hören wir immer wieder, sind oft kompliziert, man verbindet damit Bilder von halbseitiger Lähmung, Sprachschwierigkeiten und anderen schwerwiegenden Ausfallerscheinungen – so hat das auch Sonja abgespeichert.

Ich erkläre ihr, dass sie diese negativen, pessimistischen und beängstigenden Gedanken durch bewusste, vorteilhaftere Gedanken – *Beneficial Thoughts* – ersetzen soll. Eine Grundvoraussetzung dafür ist, dass sie überhaupt erst den Willen aufbringt, anders zu denken. »Dazu musst du lernen, wie dein Gehirn funktioniert«, sage ich. »Denn nur wenn du es verstehst, weißt du auch, dass es kein esoterischer Humbug ist, sondern wissenschaftliche Grundlagen hat und funktioniert.«

Ich nehme mir viel Zeit und gehe mit Sonja Schritt für Schritt das Problem durch. Sie muss die Operation als Lösung und Chance erkennen, und nicht als Gefahr und Bedrohung: Joachim hat gute Heilungschancen, er wird wieder gesund. Diese Gedanken entsprechen übrigens der Realität.

Doch eine 180-Grad-Wende in seiner Einstellung zur Zukunft einzulegen ist nicht einfach. Das sagt Sonja auch: »Aber was mache ich mit meinen Zweifeln, die mich Tag und Nacht begleiten? Schafft er die OP? Bekommt er Probleme mit der Narkose?«

Genau diese Gedanken veranlassen die Ausschüttung von Stresshormonen. Und da sie keinen Ausweg markieren können, drehen sich die Überlegungen unter ihrer Regie wie Spiralen im Kreis. Zweifel und Sorge sind unproduktiv. Sie verhindern alle guten und sinnvollen Gedanken, die wir im Alltag brauchen. In Sonjas Fall führt das dazu, dass sie fahriger, vergesslicher, ungeduldiger und unfairer gegenüber ihren Kindern ist. Zu Hause wird nur noch selten gelacht, Sonja ist hochempfindlich und dauernd gereizt.

Ich erkläre ihr, wie sie ihre Zweifel verkleinern kann: »Wenn die negativen und mit Angst beladenen Gedanken kommen, schiebe sie sanft zur Seite und ersetze sie mit anderen, mit positiven Bildern. Das klingt vielleicht erst einmal unmöglich, aber wenn du es konsequent eine Zeit lang probierst, mit den immer gleichen positiven Bildern, dann kommen dir diese positiven Bilder irgendwann spontan in den Kopf.«

Zur Unterstützung mache ich ihr Vorschläge: »Denke an deinen Toskanaurlaub, den du so toll fandest. Träume von der Geburt deiner Tochter oder deines Sohnes.« Um die positiven Bilder zu festigen, soll Sonja auch an sie denken, wenn sie gerade nicht von Zweifeln und Angst geplagt wird. »Mindestens zweimal zwanzig Minuten am Tag, einmal morgens, einmal abends«, empfehle ich ihr.

Noch während ich rede, schüttelt Sonja den Kopf. Sie hält diesen Ansatz nicht für möglich und sieht ihn als Selbstbetrug an: »Ich will doch nicht alles verdrängen, ich muss mich doch damit auseinandersetzen und darf mich nicht belügen – mein Leben ist eben kein ewiger Toskanaurlaub. Oder?« fragt Sonja zu Recht.

Das ist genau die Diskussion, die wir brauchen. Ich entgegne: »Es ist genau umgekehrt. Die größte Lüge ist doch, dass alles schiefgeht. Die Wahrheit ist nämlich, und das zeigt uns die Erfahrung, dass die meisten Patienten sehr gute Chancen haben, diese Operation gut und schadlos zu überstehen. Deine Sorgen sind es, die an Selbstbetrug grenzen – weil sie die Realität auf ihre negativste Variante reduzieren, die auch noch vergleichsweise unwahrscheinlich ist.«

Sonja erwähnt, dass die Operation den Ärzten zufolge ohnehin die einzige Möglichkeit sei. »Gut«, sage ich, »dann akzeptiere das und ersetze deine Problemgedanken mit vorteilhaften Gedanken. Die Operation ist keine Bedrohung, sondern eine Chance. Mach dir das immer wieder klar – wenn du es wiederholst, überzeugst du dich selbst. Auf diese Weise kannst du dein Gehirn so verändern, dass es widerstandsfähiger gegen Panikgedanken wird. Wenn negative Vorstellungen kommen, schiebst du sie sanft, aber bestimmt zur Seite.« Als Sonja die Praxis verlässt, hat sie einen Zettel in der Hand, auf den sie sich den Begriff »*Beneficial Thought*« geschrieben hat.

Drei Wochen später wird Joachim operiert, der Eingriff verläuft erfolgreich.

Doch schon zuvor beginnen sich die Probleme mit Maries Haaren und Lukas' Einnässen zu lösen – weil Sonja ihnen wieder Halt und eine positive Perspektive für die Zukunft geben kann.

Seit diesem Erlebnis ist das *Beneficial Thinking* ein fester Bestandteil meiner täglichen Arbeit in der Praxis. Jahre nach Sonjas Besuch in meiner Praxis erzählt sie mir, dass der Zettel noch immer über ihrem Schreibtisch hängt und sie jeden Tag daran erinnere, ihre Gedanken zu kontrollieren.

Genau das ist *Beneficial Thinking*: ein Weg, die eigenen Gedanken ein Stück weit zu kontrollieren – und damit die Ausschüttung der Stresshormone. Was wiederum für den eigenen Körper, das Verhalten und letztlich auch für die Umwelt reale Konsequenzen hat.

Und das Beste daran: Es lässt sich lernen und anwenden wie ein Erste-Hilfe-Programm. In den nächsten beiden Kapiteln gehe ich mit Ihnen Schritt für Schritt dieses Erste-Hilfe-Programm durch. Es ist einfach wie ein Butterplätzchen-Rezept oder das Bedienen einer Waschmaschine.

AKUTER STRESS: WENN SIE SOFORT HANDELN MÜSSEN

Das Reptilien-Hirn ausschalten

Was ist zu tun, wenn uns Diagnosen, Nachrichten oder Veränderungen begegnen, die uns in Angst und Sorge versetzen?

Fast jeder Tag mit Kindern bringt etwas Unerwartetes mit sich. Oft sind es letztlich banale Sachen, die einen aus der Bahn werfen, selten haben die Kinder ernst zu nehmende Erkrankungen.

Stressoren finden sich aber überall. Unser Kind will nicht aufstehen, ihm fällt ein, dass es gestern noch hätte Hausaufgaben machen müssen. Morgens fehlt die Socke, was alle aufhält. Im Auto muss das Kind doch noch mal auf die Toilette. Später kann es eine rote Ampel sein, ein Anruf aus der Schule oder dem Kindergarten.

Akute Stressoren begegnen uns mehrmals täglich, aber geballt morgens, wenn wir die Kinder fertig machen und die Zeit knapp ist.

Im Krankheitsfall ist es meistens ein vom Arzt unglücklich formulierter Satz oder etwas, was man im Internet gelesen hat.

Der Stressor stammt aber nicht immer aus dem Alltag mit den Kindern – auch in der Partnerschaft, im Beruf oder im Familienkreis lauern unzählige Auslöser für Ärger.

Allen diesen Faktoren ist eines gemein: Sie führen nicht selten dazu, dass Eltern in stressigen Situationen regelrecht überschnappen – und damit die Lage nur noch verschärfen.

Das lässt sich mit den folgenden Strategien des *Beneficial Thinking* nicht nur verhindern – Eltern können unter Stress auch der Fels in der Brandung sein, den ihre Kinder und die ganze Familie gerade brauchen. Es ist ein bisschen wie im Flugzeug – da heißt es auch immer: Setzen Sie im Notfall erst sich selbst eine Atemmaske auf, bevor Sie Ihren Kindern helfen. Es gilt, selbst den Überblick zu behalten und stabil zu sein, um dann die richtigen Entscheidungen zu treffen.

STRATEGIE 1:
SADH (Stopp – atmen – denken – handeln)

Anzuwenden im Notfall:

a) Stopp sagen
Sobald Sie merken, dass etwas nicht in Ordnung ist, dass Ihnen die Situation entgleitet – sagen Sie »Stopp!«.

Am besten noch, bevor Sie handeln. Stopp, Stopp und nochmals Stopp, so lange, bis sie wirklich stoppen.

Versuchen Sie es mal einfach so, auch ohne Probleme. Sagen Sie laut Stopp und schauen mal, wie dieses Wort in Ihnen wirkt. Viele Menschen atmen instinktiv tief durch.

b) Atmen

Nach dem ersten Stopp versuchen Sie, tief einzuatmen. Nehmen Sie dabei Ihre Atmung wahr.

Solange Sie Ihre Atmung wahrnehmen, reduziert das sympathische Nervensystem kurz seine Arbeit, und es sickern weniger Stresshormone ins Blut.

Ist Ihnen das gelungen, haben Sie schon einen wichtigen Schritt geschafft: Sie haben Ihr Reptiliengehirn und seine reflexartige Reaktion ein Stück weit unter Ihre Kontrolle gebracht.

Ihre Hirnrinde kann nun eher das Kommando übernehmen. Wir kommen aus der »Kampf oder Flucht«-Reaktion heraus.

Atmen Sie mehrmals tief ein und aus. So banal, wie sich das anhört, so effektiv ist es. Unsere Amygdala bekommt kurz einen Befehl, ruhig zu sein, weil Atmung eine höhere Priorität hat.

c) Denken und handeln

Jetzt, wo Sie nicht mehr im »Kämpfen oder fliehen«-Modus sind, können Sie planen: Können Sie die Situation ändern, und wenn ja, wie? Oder müssen Sie sie akzeptieren?

Zwei Geschichten aus der Praxis

Zuerst ein Klassiker: Svenja wird vom Kindergarten angerufen, ihr achtzehn Monate alter Sohn Finn sei gestolpert und gefallen, sie solle ihn besser abholen.

So ein Anruf lässt die Amygdala regelrecht Amok laufen. Anrufe aus dem Kindergarten oder aus der Schule sind die wohl meistgehassten Anrufe von Familien. Sie bedeuten immer eine schlechte Nachricht.

Svenja rast zum Kindergarten, als sie ankommt, ist ihr Körper voller Stresshormone. Schon von Weitem sieht sie ihren Sohn: Er hat viele Blutflecken auf seinem Pulli.

Doch Svenja kennt die SADH-Strategie. Während sie sich Finn rasch nähert, atmetet Svenja tief ein und aus. Das erlaubt es ihr, nicht in Panik zu geraten. So fällt ihr gleich auf, dass Finn relativ gut gelaunt ist und nicht den Eindruck vermittelt, dass er einen schweren Schaden erlitten hat. Von der Erzieherin erfährt Svenja, dass Finn sich auf die Lippe gebissen hat.

Es folgen: Denken (»Alles gut, ich muss zur Kinderärztin, bevor sie schließt«) und handeln (den Sohn lachend begrüßen und sagen, dass Mama heute früher da ist und dass sie jetzt noch gemeinsam die Ärztin besuchen). Dann schnell ins Auto und rasch in die Praxis.

Ein anderes Beispiel: Jennifer ist Trauzeugin für ihre beste Freundin Melanie. Ihr Ehemann Bruno und ihr vier Jahre alter Sohn Jonah sind dabei, sich fertig zu machen. Jonah hat für den Anlass einen Anzug bekommen, Vater und Sohn in Partnerlook.

Der Stress fängt an mit einem Anruf von Brunos Schwester, die eigentlich alle abholen sollte: Ihr Auto ist kaputt. Jennifer ist genervt, sie bestellt sofort ein Taxi, die Zeit wird langsam knapp.

Der Taxifahrer klingelt an der Tür, und in der Sekunde, als die drei die Wohnung verlassen wollen, läuft Jonah blitzschnell zur Fensterbank und zieht an der Topfpflanze. Die landet auf seinem Kopf, samt Erde und Topf.

Stopp, Atmen, Denken, Handeln: Jonah schreit, ja, aber er hat nur eine kleine Platzwunde am Kopf und ein paar ordentliche Flecken auf dem tollen Anzug. Das Atmen hilft

Jennifer. »Gott sei Dank, nichts passiert«, stöhnt sie und läuft in Jonahs Zimmer, packt eine Tüte mit sauberen Kleidern und geht mit ihrem Sohn und Mann zum Taxi.

»Wir räumen später auf, Bruno, zum Glück hast du wieder vergessen, die Pflanze zu gießen. Die Flecken auf Jonahs Anzug werden niemanden stören, wir ziehen ihn zur Not später um.«

Sie kommen rechtzeitig an, und Jennifer fragt Jonah, was er mit der Pflanze eigentlich wollte. »Mami, ich wollte das der Melanie schenken«, antwortet der mit großen Augen. Jennifer hat den kleinen Unfall einfach akzeptiert, es gab nichts zu ändern oder zu verbessern, sie ist weitergegangen und hat ihr Ziel rechtzeitig erreicht.

Die Alternative wäre gewesen, dass die Familie ihr Krokodil rausgelassen und angefangen hätte, sich fürchterlich zu streiten und gegenseitig Vorwürfe zu machen. Manche Eltern wären auf Jonah sauer gewesen oder sogar handgreiflich geworden. Das wäre dem Reptilienverhalten zufolge vergleichbar mit dem Kampf gegen den Feind.

Das Atmen hält das Krokodil in uns jedoch auf, das uns dazu bringt, ohne nachzudenken impulsiv zu schreien und mit Worten und selten auch tatsächlich mit den Händen regelrecht um uns zu schlagen.

Wenn wir bewusst atmen, hat das Krokodil keine Möglichkeit zu agieren, weil wie wir alle wissen: Herzschlag und Atmung haben die höchste Priorität im Leben eines Menschen, erst danach kommt das Kämpfen oder Fliehen infrage. Probieren Sie es einmal, konzentrieren Sie sich auf das Atmen, und versuchen Sie gleichzeitig zu brüllen oder zu hauen, Sie werden sehen: Es klappt nicht.

Das macht den Weg frei zum Denken. Wenn wir denken, sind wir in der Lage, sinnvolle Entscheidungen zu treffen.

Was wiederum heißt: eine Veränderung oder eine Lösung anzustreben oder auch einen Umstand zu akzeptieren, der nicht zu ändern ist. In jedem Fall kann man so neue Wege gehen.

Situationen, in denen SADH hilft:
- Bei allen Notfallsituationen, in denen schnell gehandelt werden muss
- Wenn Sie erfahren, dass Ihr Kind krank ist
- Wenn Sie schlechte Nachrichten erhalten
- Wenn Ihr Kind plötzlich krank wird
- Wenn Sie von Ihrem Kind plötzlich geärgert werden
- Wenn Ihr Kind sich verletzt oder einen Unfall erleidet
- Bei allem, was unerwartet ist und Sie plötzlich erwischt

STRATEGIE 2: Ein rettender Gedanke

Manche Situationen zwingen uns, unangenehme und nicht willkommene Gedanken im Kopf zu beherbergen. Dann ist es gut, wenn man sie mit einem rettenden Gedanken löschen kann.

Eine Geschichte aus der Praxis

Brittas Sohn Robin ist elf Jahre alt und spielt gerne Hockey. Als er vom Training zurückkommt, sieht Britta blaue Flecken am Knie und Schienbein ihres Sohnes. Sie denkt darüber nach, dass die Jungs immer wilder werden.

Am nächsten Morgen will sie die Flecken noch einmal genauer anschauen und bekommt einen Schreck: Robins ganzer Körper ist übersät mit kleinen punktförmigen Flecken, dazwischen sind immer wieder größere blaue Flecken.

»Robin, woher hast du das denn? Weißt du, seit wann du die Flecken hast?«, fragt sie ihren Sohn. »Ich glaube seit gestern. Ich habe das schon in der Schule bemerkt, noch vor dem Hockeyspiel«, antwortet Robin. »Ist das schlimm?«

Britta ist Marketingleiterin bei einer internationalen Pharmafirma und sollte eigentlich in drei Stunden im Flieger Richtung Süddeutschland sitzen. Eine wichtige Besprechung wartet auf sie. Ihr wird plötzlich übel, weil sie etwas Schlimmes ahnt. Robins Vater ist schon im Büro.

Sie möchte sofort wissen, was los ist, und fährt mit Robin zu mir in die Praxis.

Ich schaue mir die Flecken an und kann sofort eine Diagnose stellen: Robin hat viele kleine Hautblutungen, weil seine Blutplättchen (die sogenannten Thrombozyten) nicht richtig funktionieren. Diese Autoimmunkrankheit wird auch ITP genannt.

Eigentlich eine erschreckende Nachricht. Auf der anderen Seite ist ITP eine Erkrankung, die gut behandelt werden kann und in der Regel wieder verheilt. Robin hat im Blutbild kaum Blutplättchen und muss zur weiteren Behandlung in eine Klinik eingewiesen werden.

Britta und ihr Mann sagen sofort alle Termine ab, um mit ihrem Sohn ins Krankenhaus zu fahren.

Einen Tag später ruft Britta mich verzweifelt an. Sie versteht, dass die Prognose der ITP gut ist, aber sie weiß auch, dass Robins Blutgerinnung nicht richtig funktioniert. Daher kann sie den Gedanken nicht loswerden, dass Robin ausrutscht, auf den Kopf fällt und eine Gehirnblutung bekommt.

Ihr wurde empfohlen, für die akute Zeit selbst Beruhigungstabletten zu schlucken, das wolle sie aber nicht.

Ich erzähle Britta von *Beneficial Thinking*, insbesondere von dem in meiner Praxis sehr beliebten Rettungsgedanken »Kaiserschmarrn« (wie unten beschrieben).

Jedes Mal, wenn der Gedanke mit der Hirnblutung auftaucht, soll Britta ihn wegschieben und mit einem persönlichen Rettungsgedanken ersetzen.

Asthmapatienten haben für den Fall einer Attacke ein Spray in ihrer Tasche, Wespengiftallergiker tragen im Sommer eine Adrenalin-Notfallspritze bei sich. Und der rettende Gedanke ist das Gegenmittel, um übertriebene Sorgen zu entschärfen.

Ich bin der Meinung, dass alle Erwachsenen eine Art Rettungsgedanken-Spritze in ihrem Gehirn gespeichert haben sollten – allen voran Eltern!

Diese Gedankenspritze sollten Sie sich in einem ruhigeren Moment Ihres Lebens zur Seite gelegt haben. Denn im Notfall haben Sie keine Zeit, darüber nachzudenken oder sich eine schöne Geschichte aus dem Urlaub zu überlegen.

Der rettende Gedanke kann zum Beispiel ein Wort sein, das eine Kette an positiven Assoziationen freisetzt, etwa Danke, Geburt, Urlaub, Skifahren, Sonne, Palme, Muschel oder Hühnersuppe.

Der rettende Gedanke muss so sicher in Ihrem Kopf sitzen wie der Name Ihres Kindes. Es geht darum, die Ausschüttung von Stresshormonen zu vermeiden, und dabei kommt es auf Geschwindigkeit an!

Kaiserschmarrn, ein sehr beliebter Rettungsgedanke

Mein Lieblings-Rettungsgedanke ist der Kaiserschmarrn. Diese köstliche österreichische Speise ist eines meiner liebsten Gerichte. Wenn ich ihn nur rieche, bin ich schon glücklich.

Kaiserschmarrn ist sehr beliebt in Skiregionen, und niemand schafft es, ihn zu Hause so zuzubereiten, dass er schmeckt wie auf der Hütte. Unter Österreichurlaubern ist daher der Kaiserschmarrn ein beliebtes Thema: Wie genau sollte er gemacht werden, und wo schmeckt er am besten? Mit dem Wort Kaiserschmarrn verbinde ich so viel, dass ich es sehr gut als Notfallbild speichern kann.

Sobald ich es sage, frage ich mich, ob ich acht oder zehn Eier für vier Personen benötige, ob ich den Teig in Butter oder Schmalz brate, und so weiter. Dann denke ich an den Kaiserschmarrn, den ich in einer bestimmten Hütte in Österreich so gern esse, erinnere mich an den Geschmack von karamellisiertem Zucker.

Dabei sehe ich die warme Hüttenstube vor mir: rot karierte Gardinen und Tischdecken, ein Hirschgeweih. Das Geräusch von Skischuhen auf Holzboden.

Ich überlege, dass wir beim nächsten Mal etwas früher zur Hütte gehen, damit wir einen Platz am Fenster bekommen, und ich denke an die Wirtin, die mich immer sehr freundlich begrüßt.

Diese Bilder sind mühelos zu erweitern um Bilder vom Skifahren, von Eiszapfen, Schnee, meiner Familie unter Pudelmützen, unserer Unterkunft und unseren Freunden, mit denen wir immer eine tolle Zeit verbringen.

Ohne dass ich es merke, habe ich den schlechten Gedanken verdrängt und ihn mit freundlichen und fröhlicheren Gedanken ersetzt.

Seitdem ich um die Kraft dieses Wortes weiß, nutze ich es, wann immer ich kurz davor bin, auszurasten.

Im größten Trubel sage ich einfach »Kaiserschmarrn« – und, ob Sie es glauben oder nicht: Es hilft!

Jeder von uns hat eine schöne Erinnerung oder ein Erlebnis, das ihn mit Freude erfüllt. Ob Skifahren oder am Meer sitzen – wichtig ist nur, dass wir uns das Wort in einer ruhigen Minute aussuchen und darauf prüfen, ob es als rettender Gedanke taugt.

In den kurzen Momenten, in denen wir uns an unser schönes Bild erinnern, ändern wir die Straßenführung unserer Gedanken: von emotional-aggressiv auf emotionslos.

Erst jetzt können wir ohne den Einfluss der aufgeregten Amygdala konstruktive und hilfreiche Ideen im Neocortex produzieren.

Statt bei Rot über die Ampel zu rauschen, können wir überlegen, wie schlimm es tatsächlich ist, wenn wir zu spät kommen. Und wen wir anrufen können, um unsere Verspätung mitzuteilen.

Anstatt unser Kind anzubrüllen, dass es zum hundertsten Mal sein Mäppchen verlegt hat und wir es ihm schon tausend Mal gesagt haben, dass es abends die Tasche packen soll, merken wir vielleicht, dass unsere eigene Ordnung und Konsequenz, dem Kind etwas beizubringen, nicht besonders glücklich war.

Oder wir sehen ein, dass wir ein besseres Netz aufbauen müssen, wenn ein Kind krank ist, damit wir nicht in Panik verfallen, wenn die Nase läuft. Auf all diese Ideen kommen wir aber erst, wenn wir dem Reptilienhirn Grenzen setzen.

STRATEGIE 3: Denkpause einlegen

Wenn wir es schaffen, an nichts zu denken, erholt sich unser Nervenkostüm. Wir werden widerstandsfähiger gegenüber Veränderungen und damit verbundenen Stresssituationen. Je öfter wir es schaffen, Denkpausen einzulegen, desto ruhiger wird die Amygdala, desto schwerer ist sie aus der Ruhe zu bringen. Denkpausen sind nicht einfach, aber sehr effektiv.

Sie haben richtig gelesen: Die Neurowissenschaft belegt, dass unser Gehirn sich in einer Denkpause erholt und beruhigt. Wissenschaftler haben festgestellt, dass 20 Minuten Denkpause bei manchen Menschen eine ähnliche und teilweise sogar eine bessere Wirkung haben als 20 Minuten Nachtschlaf. Eine Denkpause zu schaffen, ist zu Beginn nicht leicht, da die Sorgen und oft nutzlose Gedanken fast automatisch gerade in Ruhephasen auftauchen.

Sie haben sicher schon gehört, dass Patienten in ein künstliches Koma versetzt werden, wenn sie einen schlimmen Unfall erlitten haben. Das Ziel dieses künstlichen Komas ist meist, unsere Amygdala und Hirnrinde zur Ruhe zu bringen und eine Phase zu erzeugen, in der wir nicht nachdenken.

Nur so kann sich das Gehirn erholen, die Ausschüttung von Stresshormonen reduzieren und den Schaden minimieren und reparieren.

Wir können uns natürlich nicht jedes Mal in ein künstliches Koma versetzen, wenn wir Probleme im Alltag haben und dringend eine Denkpause brauchen. Aber wir können kurze gedankliche Auszeiten erzeugen, und mit Übung können wir diese immer weiter verlängern. Es gibt verschiedene Möglichkeiten, solche Denkpausen zu erzeugen.

In meiner Praxis habe ich bei den Eltern meiner jungen Patientinnen und Patienten gute Erfahrungen mit der unten beschriebenen Tunnel-Übung gemacht. Für andere funktioniert die Fokus-Wort-Wiederholung oder das Fantasieren besser. Manche üben alle Varianten im Wechsel. Es empfiehlt sich, alle auszuprobieren und sich am Ende für die Übung zu entscheiden, die einem am leichtesten fällt.

Um eine Gedankenpause einzulegen, brauchen Sie nicht viel, meistens reicht ein Wort, ein Mantra, ein Gebet oder ein kleiner Gegenstand, dem Sie eine Bedeutung geben.

Dazu suchen Sie sich am besten einen ruhigen Ort und setzen sich. Ich bin selbst Mutter und kann mir vorstellen, wie manche von Ihnen schmunzeln und sagen: »Ruhiger Ort, Ruhe – was ist das?«

Haben Sie ältere Kinder? Dann ist der frühe Morgen, wenn die Kinder noch schlafen, ein guter Zeitpunkt. Falls Sie nicht berufstätig sind, ist die Zeit, in der die Kinder in der Schule oder im Kindergarten sind, dafür geeignet. Wenn Sie berufstätig sind, bleibt Ihnen meistens nur der Abend, wenn die Kinder im Bett sind.

Für die Zeit Ihrer Gedankenpause muss der Partner eine kurze Zeit auf Sie verzichten, er kann auch gerne dafür sorgen, dass Sie nicht gestört werden. Wenn keiner dieser Zeitpunkte passt, dann üben Sie im Bett, kurz bevor Sie einschlafen.

a) Die Tunnelfahrt
Setzen Sie sich aufrecht auf einen bequemen Stuhl oder legen Sie sich ins Bett. Schließen Sie Ihre Augen. Nehmen Sie

Ihre Atmung wahr und versuchen Sie, ruhig ein- und auszuatmen.

Wenn wir Sorgen haben oder nervös sind, ist die Atmung meistens hektisch. Aber hektische Atmung veranlasst eine vermehrte Stresshormonausschüttung.

Je ruhiger Sie atmen, desto weniger Stresshormone werden in die Blutbahn geleitet. Stellen Sie sich vor, dass Sie gerade in einen langen, dunklen, warmen Tunnel fahren. Lassen Sie keinen anderen Gedanken zu. Jedes Mal, wenn Ihre Gedanken abschweifen, kehren Sie wieder zum Tunnel zurück.

Schauen Sie sich um. Sie merken, dass es im Tunnel keine Lichter gibt und auch kein Ausgang in Sicht ist. Zwischendurch spüren Sie, wie laut Ihr Herz schlägt, auch das ignorieren Sie und kehren wieder in den dunklen Tunnel zurück.

Ohne dass Sie es direkt merken, beruhigen sich Ihr Körper und Ihr Gehirn. Zwischen den dunklen Tunnel und Ihre Atmung passt bald kein anderer Gedanke mehr, und sehr oft schlafen Sie dabei ein. Auch das ist gut, denn Sie sind ohne Sorgen eingeschlafen.

Sie werden aber auch immer wieder mal feststellen, dass Ihre Sorgen oder Gedanken nicht gehen, sondern sehr gern teilhaben wollen an Ihrer Tunnelfahrt. Wie ein Saugnapf am Fenster kleben sie an Ihnen.

Sorgen, das wissen Sie aus Erfahrung sehr genau, lassen sich nur ungern verdrängen. Aber Sie lösen sie nun sanft, aber bestimmt ab – der Tunnel gehört nur Ihnen. In der zehn- bis zwanzigminütigen Tunnelfahrt erhalten andere Gedanken und Sorgen keine Erlaubnis, Ihr Gehirn zu beschäftigen. Sie widmen sich Ihrer Atmung im Tunnel. Unbewusst aktivieren Sie dabei Ihren Antistress-Mechanismus.

Mit Übung kann dieser heilsame Schutz immer stärker werden, wie ein ganz starker Schutzschild, ein liebevoller persönlicher Bodyguard.

Sie werden mit der Zeit merken, dass Ihre Amygdala sich beruhigt, und Sie werden weniger ängstlich und weniger gestresst sein.

Ihre Familie und Ihre Freude bemerken das meist, noch bevor Sie es selbst merken.

Ich nenne die Tunnelfahrt auch Schlafpille, weil viele Eltern mir berichten, dass sie damit einschlafen, vor allem nachts. Ich selbst setze die Tunnelfahrt auch oft ein. Statt wach zu bleiben und Probleme zu wälzen, durchquere ich in der Schweiz den Gotthardtunnel – und schlafe dabei ein. Eine tolle Übung.

b) Fokus-Wiederholung
Wenn der Tunnel nicht funktioniert oder Ihnen unangenehm ist, versuchen Sie, sich auf ein bestimmtes Objekt zu konzentrieren. Das kann ein Wort sein, ein Satz oder eine Bewegung.

Das Ziel ist dabei weniger eine bewusste Gedankenpause, sondern vielmehr, die Sorgen und Ängste, die uns plagen, durch andere Gedanken zu ersetzen – und die Sorgenkette auf diese Art zu unterbrechen. Auch hier ist es das Ziel, die Stresshormonausschüttung zu vermindern und im Körper Antistress-Mechanismen anzuregen.

Nehmen Sie sich auch für diese Übung zehn bis zwanzig Minuten Zeit.

Wort und Bewegung lassen sich auch kombinieren. Viele wählen als Objekt ein Gebet, so wie das »Vaterunser«, weil es immer abrufbar ist, oder aber ein Lied oder ein Gedicht. Sie können sich auch ein Objekt aussuchen, zum Beispiel einen kleinen Buddha, eine Perlenkette oder einen Baum im Park. Die Übung im Park ist besonders geeignet für Eltern, die morgens einen Spaziergang mit dem Kinderwagen machen.

Wir nehmen den Baum als Beispiel: Setzen Sie sich bequem hin. Achten Sie als Erstes auf Ihre Muskeln und versuchen Sie, sich ein wenig zu entspannen. Die Entspannung Ihrer Muskulatur hilft Ihnen, den Stress und die Sorgen loszulassen. Hören Sie auf Ihre Atmung und versuchen Sie, diese ebenfalls zu entspannen, indem Sie sich bewusst auf sie konzentrieren.

Wenn Sie das Gefühl haben, dass Sie entspannt sind, schauen Sie sich den Baum im Park genau an. Fokussieren Sie sich auf den Stamm, dann schauen Sie sich die Rinde genau an. Was hat sie für eine Farbe? Braun oder eher gräulich? Welche Beschaffenheit hat sie? Ist sie rau oder glatt?

Wandern Sie langsam mit den Augen nach unten und schauen Sie sich den Boden an. Sehen Sie die Wurzeln oder sind sie verdeckt? Malen Sie sich aus, wie es unter der Erde aussieht und wo die Wurzeln sein können. Wie viele Wurzeln hat dieser Baum wohl? Wie tief graben sie sich nach unten, um ausreichend Wasser zu bekommen?

Dann lassen Sie den Blick nach oben schweifen. Wie alt könnte der Baum sein? Schauen Sie weiter hoch und betrachten Sie die Äste. Ist er wild verzweigt oder gleichmäßig nach allen Seiten ausgerichtet? Wie viele Äste sind da? Können Sie Vogelnester sehen? Leben Tiere auf dem Baum? Versuchen Sie, eines zu entdecken.

Lassen Sie keine anderen Gedanken zu. Ziel dieser Übung ist es, die Sorgenkette zu unterbrechen, um Ihrem Gehirn eine kleine Pause zu gönnen.

Das Gleiche funktioniert mit einer Kette oder irgendeinem anderen Gegenstand.

Diese Wiederholung der Bewegungen und der Worte sehen wir oft in verschiedenen Religionen. Die Menschen tun immer genau das Gleiche: Sie versuchen, durch das Gebet und das Knien, das Wiegen und Schwingen des Körpers den Geist zu beruhigen.

c) Wort-Wiederholung

Als Beispiel für ein Fokuswort nehme ich gern das Wort »Danke«. Das Wort lernen wir schon als sehr kleines Kind kennen. Wenn wir es sagen, denkt unser Gehirn in der Regel, dass etwas Gutes passiert ist. In Vorfreude schütten wir entsprechende Hormone aus.

Ein Beispiel: Schon mit dem Aufwachen beginnt die Hektik: Kinder fertig machen, Schulbrote schmieren, duschen – den Tag angehen. Wir nehmen uns selten Zeit, um uns kurz mental in Form zu bringen. Aber es gibt einen kleinen Trick, mit dem Sie Ihr Anti-Stress-System beim Aufwachen aktivieren können. Es klingt banal und ist erstaunlich effektiv.

Wiederholen Sie das Wort Danke. Ich weiß, es hört sich albern an, einfach Danke zu sagen. Wem überhaupt – und warum? Weil ich heute Nacht nicht zum Schlafen kam?

Unser Gehirn, und diese Wirkung ist nicht zu unterschätzen, hat Dankbarkeit mit positiven Erlebnissen kombiniert und gespeichert.

Das Wort Danke ist deshalb ein sehr starker Stressverminderer. Wenn wir es aussprechen, denkt unser Gehirn, dass wir uns über etwas freuen. Wir manipulieren es.

Versuchen Sie es gleich morgen früh. Wofür Danke sagen? Vielleicht dafür: Danke, dass ich atme, danke, dass wir leben, danke, dass meine Kinder gesund sind. Danke, dass ich jetzt einen Kaffee trinken kann, etwas im Kühlschrank habe, dass meine Eltern noch leben, dass keiner gestorben ist.

Es gibt unendlich viele Dinge, für die wir uns täglich bedanken können. Sagen Sie doch jetzt in diesem Moment einmal kurz Danke und lächeln dabei – sehen Sie? Es funktioniert.

Das Gehirn kann Reales und Eingebildetes nicht unterscheiden. Es arbeitet wie ein Computer. Für unser Gehirn ist das Wort »Danke« ein positiver Input, und aus diesem Grund schüttet es positive Substanzen wie Dopamin aus.

In der Regel ist es so, dass die meisten Eltern wach werden und sofort an all das denken, was erledigt werden muss. Wenn Sie das Bett verlassen, haben Sie schon Ihre erste Spritze Kortisol und Adrenalin im Blut. Das führt dazu, dass die Hirnrinde kaum noch vernünftig denken kann. Klare Gedanken zu fassen, strengt schon jetzt an. Das Wort Danke ist hier ein Gegenspieler. Und nach einer Zeit, so die wissenschaftliche Erkenntnis, erwächst aus dem gesprochenen Wort sogar ein Gefühl der Dankbarkeit.

d) Etwas tun

Eine wunderbare Methode, um Denkpausen zu erzeugen, sind Tätigkeiten, die einem Spaß machen. Leider haben viele Eltern wenig Zeit für Freizeitaktivitäten.

Aber etwa Backen, Kochen, Malen, Stricken und Gartenarbeit sind tolle Entspannungsmöglichkeiten für viele Eltern. Auch Sport ist wichtig. Bewegung setzt Glückshormone frei und spielt eine große Rolle beim Stressabbau. Yoga, Meditation und Tai-Chi sind Sportarten mit nachweislich stressreduzierender Wirkung.

STRATEGIE 4:
Fantasieren – positives Kopfkino

Einbildung ist eine großartige Sache. Allerdings nur, wenn wir uns die richtigen und vorteilhaften Dinge einbilden.

Die Übung besteht darin, gute Gedanken zu wiederholen und zu nutzen, und schlechte Gedanken zu verdrängen oder, noch besser, gar nicht erst zuzulassen.

Auch wenn die Sorgen zu Beginn übermächtig erscheinen, so können wir sie, sind sie einmal verdrängt, schnell vergessen. Nervenzellen, die nicht gebraucht werden, verkümmern.

Gedanken sind wie Trampelpfade. Je öfter wir sie benutzen, desto breiter werden sie. Und je seltener wir sie betreten, desto schneller verschwinden sie wieder.

Suchen Sie sich eine schöne Erinnerung aus. Eine, die Sie mit Freude erfüllt. Oft denken die Eltern, mit denen ich diese Methode durchgehe, an einen schönen Urlaub.

Der eine guckt gedanklich aufs Meer. Die Sonne wärmt den Körper und die Zehen wühlen den Sand durch. Andere genießen gedanklich das Panorama in den Bergen und laufen auf einen klaren Bergsee zu. Wieder anderen reicht die Vorstellung, einen Kuchen zu backen oder etwas Leckeres zu kochen. Holen Sie sich die Bilder aus Ihrem Archiv und starten Sie den Film.

Auch hierfür sollten Sie sich Zeit nehmen und eine ruhige Ecke aussuchen. Diese Übung können Sie auch sehr gut durchspielen, bevor Sie ins Bett gehen.

Tun Sie so, als ob Sie im Kino sind. Entspannen Sie sich

und rufen Sie Bild für Bild langsam in Ihrem Kopf auf. Auch hier wird Ihr Bewusstsein versuchen, Sie von diesen Bildern zu trennen und in die bekannte Sorgenmühle zu schubsen. Lassen Sie das nicht zu.

Schauen Sie sich den Strand genau an, die Wellen, die immer wieder zu Ihnen schwappen, überlegen Sie, was Sie damals gedacht und gehört haben. Wie es roch, was Sie gesehen haben. Wie sich Ihre Haare anfühlten, wie das Salz auf der warmen Haut trocknete.

Atmen Sie dabei tief ein.

Genauso können Sie die schönen Erinnerungen in Ihrem Leben als Heilmittel einsetzen, wie eine wohltuende Salbe.

Sie können diese Vorstellung wiederholen und die Bilder täglich anwenden.

Beginnen Sie auch hier mit ein paar Minuten und versuchen Sie, auf 20 Minuten zu kommen.

Sobald die Sorgen wiederkehren, setzen Sie Ihnen ein neues Bild entgegen. Ein schlechter Gedanke kann mit unschlagbar schönen Bildern und Erlebnissen aus Ihrem Leben entschärft werden.

Wenn Sie Erfahrung mit Meditation haben, dann können Sie auch meditieren. Meditation ist eine altbewährte Methode, dem Gehirn eine Ruhepause zu erlauben und sich selbst wahrzunehmen. Wenn Sie gerne beten, tun Sie das. Wem gar nichts einfällt, der kann einfach lachen. Ohne Grund und Anlass. Es gibt inzwischen sogar Lach-Yoga-Kurse, wo Menschen sich treffen, nur um zu lachen.

STRATEGIE 5: Holen Sie sich Ihren eigenen Gelehrten in den Kopf

Eine Geschichte aus meiner Kindheit

Als ich ungefähr dreizehn Jahre alt war, mussten alle Kinder sonntags um sieben Uhr morgens zum Revolutionsunterricht gehen.

Bei uns gab es zu dieser Zeit eine kommunistische Militärdiktatur. Der Unterricht fand im Büro der Bezirksregierung statt. Dort mussten wir oft üben, wie wir an Feiertagen vor dem Präsidenten zu marschieren hatten.

»Was hätte meine Mutter in dieser Situation gemacht? Was hätte mein Mentor an dieser Stelle gemacht?«

Ich habe es gehasst. Einmal traute ich mich, nicht hinzugehen. Um acht Uhr kamen dann fünf Soldaten mit geladenen Kalaschnikows auf unser Haus zu. Sie suchten mich. Ich sollte ins Gefängnis. Mein Schwänzen der Übung war ein krimineller Akt.

Sie können sich nicht vorstellen, wie viel Angst ich hatte. Mein Vater war beruflich unterwegs, also lief ich zu meiner Mutter und rief: »Mama, die Soldaten wollen mich mitnehmen, hilf mir bitte, bitte!«

Meine Mutter reagierte zu meinem Erstaunen ganz stark und ruhig. Sie steckte mich in den Küchenschrank und öffnete den Soldaten die Tür.

»Guten Tag, meine Herren, was kann ich für Sie tun?«, fragte sie ohne Aufregung.

»Wir suchen Ihre Tochter, sie ist nicht zum Marsch erschienen«, brüllte der Soldat. Ich konnte durch das Schlüsselloch des Schrankes sehen, wie er seine Kalaschnikow auf meine Mutter richtete.

»Meine Tochter ist zum Marsch gegangen. Sie haben bestimmt vergessen, sie zu registrieren. Sie ist nicht hier«, sagte meine Mutter mit seliger Ruhe. »Kommen Sie rein und suchen Sie das ganze Haus ab.«

Ich dachte, ich höre nicht richtig. Sie ließ die Soldaten rein, ging einen Schritt zur Seite und stellte sich vor den Schrank, in dem ich zitternd saß.

Die Soldaten liefen durch das gesamte Haus, öffneten Schränke und Türen. Meine Mutter blieb vor meinem Versteck stehen. »Sie ist nicht hier«, murmelten die Soldaten und gingen.

Als alle weg waren, ließ mich meine Mutter aus dem Schrank. Ich weinte und sagte: »Ich habe solche Angst, Mama.«

Meine Mutter guckte mich streng an. »Warum denn? Wir haben doch einen Beschützer, der stärker ist als alle Soldaten zusammen. Hör jetzt auf zu zittern und hilf mir beim Kochen.«

Inzwischen ist mir klar geworden, wie wichtig das Beten, beziehungsweise das Abgeben der Sorgen, ist. Nicht jeder glaubt an Götter, aber jeder kann sich einen imaginären Freund oder eine imaginäre Freundin erstellen. Beten bedeutet nicht, an einen bestimmten Gott zu glauben oder einer Religion anzuhängen. Beten erlaubt uns, unsere Wünsche zu äußern, unsere Hoffnungen, unsere Ängste und unsere Sorgen zu formulieren – und Letztere dadurch loszuwerden. Der Glaube gibt uns Kraft.

Mein Vater stammt aus Indien. Dort gibt es mehrere Götter, und die mit ihnen verbundenen Praktiken werden Mantra genannt. Dabei werden Worte in Dauerschleifen wiederholt oder gesungen.

Wenn Sie also Sorgen haben und keine Zeit oder Möglichkeit finden, stellen Sie sich vielleicht einfach ans Fenster, suchen Sie sich einen Gott oder einen imaginären Freund aus und fangen Sie an, von Ihrem Leben und Ihren Gedanken zu erzählen.

Erzählen Sie von allem, was Sie belastet. Sehr bald werden Sie merken, dass es Ihnen besser geht. Sie kreieren in diesem Moment eine Art eigenen Psychologen, einen alles wissenden, alles könnenden und immer zuhörenden Gelehrten.

CHRONISCHER STRESS: WIE SIE SICH DAUERHAFT VERÄNDERN KÖNNEN

Es lohnt sich, Situationen, die Stress verursachen, langfristig zu beseitigen oder zu verändern. Das ist nicht immer einfach, aber hier sind ein paar Tipps, die Ihnen vielleicht helfen können.

Folgendes empfehle ich:
a) Tun Sie Ihre Bereitschaft zur Veränderung kund, indem Sie klar und deutlich »Ich will« sagen.
b) Versuchen Sie, den Stressor zu erkennen und klar zu definieren. Was ist das Problem, was muss verändert werden?
c) Wenn Sie herausgefunden haben, was Sie stört, versuchen Sie, die Situation zu verändern oder das Problem zu lösen. Wenn die Situation oder der Befund nicht verändert werden kann, dann sollte das akzeptiert werden.

Eltern haben es nicht immer einfach. Kinder wollen nicht immer das tun, was von ihnen verlangt wird, sie haben nämlich ihre eigenen Vorstellungen vom Leben. Allerdings zwingt uns das Leben oft, gegen ihren Wunsch zu handeln. Vor allem, wenn ihre Gesundheit gefährdet wird.

»Meine Tochter Eva hat einen ziemlich schiefen Oberkiefer durch den Schnuller, ich kann es aber nicht übers Herz bringen, ihr den Schnuller wegzunehmen.«

»Mein Sohn Markus ist mit sechs Jahren schon übergewichtig, aber ich kann ihm das Essen nicht verbieten.«

»Dominik hat Asthma und muss eigentlich jeden Tag mit Medikamenten inhalieren, aber ich kann ihn nicht zwingen, das zu tun.«

»Die Zahnärztin hat mir verboten, Sophie die Flasche zu geben, aber ohne Eistee schläft sie abends nicht ein. Ich weiß, dass sie so Karies bekommt – aber sie muss doch auch trinken dürfen!«

Es ist so schwer, Nein zu sagen und unseren Kindern Grenzen aufzuzeigen. Wie wäre es, wenn Sie mit »Ich will« anfangen?

»Ich will!« eine Veränderung

Schritt eins: Dem Gehirn ein Zeichen geben

Lösungen laufen nicht selten auf eine Art Vertrag hinaus.
    Menschen, die sich bestimmte Ziele vornehmen, erreichen diese eher als Menschen, die sagen, »Ich versuche es mal«.
    Sie müssen Ihren Zustand wirklich verändern wollen. So wie Sie das Licht im Flur anmachen, wenn es dunkel ist und Sie etwas sehen wollen.

Am Anfang müssen Sie also sagen: »Ich will, dass es mir besser geht. Ich will die Situation ändern.« Dieses »Ich will« bedeutet eine Veränderung, vor der Sie sich vielleicht fürchten. Das ist normal. Menschen fürchten sich seit jeher vor Veränderungen. Das Hirn ist darauf programmiert, den bekannten Pfad zu gehen, auch wenn es der Pfad ist, der Sie mit seinen Stresshormonen zermürbt.

Nicht selten habe ich Eltern in meiner Praxis, die genervt und erschöpft sind, weil ihr Nachwuchs anders reagiert, als sie es gerne hätten. Aber sie wollen auch keine grundlegende Veränderung. Denn Veränderung bedeutet Stress.

Eine meiner Freundinnen beklagt sich, dass sie ihr siebenjähriges Kind abends auf dem Rücken trägt, bis es müde wird. Wenn ich sie darauf anspreche, kommt dieses »Aber«, oder »Wir haben alles versucht«, oder »Ich weiß, dass sowieso nichts anderes funktioniert«.

All das ist vollkommen in Ordnung, solange der Stress toleriert und kompensiert werden kann. Aber wenn Sie das Gefühl haben, dass der Stress Sie überrollt, sollten Sie sich eingestehen, dass es einer Veränderung bedarf.

Sie denken jetzt wahrscheinlich, dass ich Sie veräppeln will. Ich hatte Ihnen jedoch zu Beginn gesagt, das Prinzip ist einfach. Dieses »Ich will« ist der Schlüssel zum Handeln. Eltern wollen immer das Beste für ihre Kinder, sie sind nur manchmal überfordert.

»Ich will, dass meine Tochter ihre Medikamente nimmt.«
»Ich will meine Kinder nicht anschreien.«
»Ich will nicht mehr so fertig und gereizt sein.«
»Ich will nicht ängstlich sein.«
»Ich will Vertrauen in mein Kind haben.«
»Ich will eine Veränderung.«

»Ich will, dass es meinen Kindern besser geht.«
»Ich will, dass es mir besser geht, dass ich weniger Stress habe.«

Sagen Sie sich Ihren Satz jeden Morgen, jeden Abend, jedes Mal, wenn Sie daran denken. Wie ein Gebet, wie ein Mantra. Mit diesem »Ich will« wollen wir unserer Hirnrinde ein Zeichen geben, für uns eine Lösung zu finden.

Gleichzeitig beeinflussen wir unsere Stresshormonausschüttung. Wir reduzieren unseren Stress und öffnen damit die Tür für konstruktive Lösungen und Veränderungen. Manchmal wissen wir nicht, ob wir überhaupt etwas verändern können. Vielleicht müssen wir auch lernen, Dinge zu akzeptieren.

Schritt zwei: Wie heißt mein Stressor?

Ein Stressor ist der Grund für das ungute Gefühl, das zu Angst und Stress führt. Es ist sinnvoll zu fragen: »Was ist das, was mich stört?« oder »Was ist es, was mein Kind stört?«.

Was ist denn wirklich das Problem? Was stresst mich?

In der Regel wissen wir, was uns stört, wir kennen das Problem im Groben, oft auch im Detail.

Aber manchmal geht es uns auch einfach nur schlecht. Da sind wir wie kleine Kinder. Auch Eltern können ohne triftigen Grund nörgeln und schimpfen. Wenn wir aber wissen, was uns stört, haben wir die Möglichkeit zu überlegen, ob diese Sache wirklich so wichtig ist, dass wir uns mit Stresshormonen vollpumpen.

Wenn Sie müde, schlecht gelaunt oder gestresst sind, fragen Sie sich, was der Grund dafür ist. Ob Krankheit in der

Familie, Stress im Beruf oder Ärger zwischen den Partnern: Jede Anpassung verlangt Kraft, und wer diese Kraft nicht besitzt oder nicht weiß, wie er mit der Belastung umgehen kann, wird gestresst.

Eine Geschichte aus der Praxis

Eine Mutter erzählte mir neulich, dass sie, wenn sie unzufrieden, unglücklich oder dauerhaft schlecht gelaunt ist, in den Wald geht und Selbstgespräche führt.

Sie fragt sich mit deutlicher Stimme: Was ist eigentlich los mit dir? Manchmal antwortet sie dann: Ich weiß es nicht. Wie eine eigene gute Freundin hakt sie so lange nach, bis sie das Problem ausspricht.

Julia, eine andere Mutter, berichtet mir, dass sie müde ist vom Schreien und Schimpfen. Ihre Söhne Justus und Kilian sind 13 und 14 Jahre alt. Sie tun nichts, sie wollen den ganzen Tag nur gammeln, sagt sie. In einem langen Gespräch erfahre ich, dass Julia zwei Jahre zuvor Gebärmutterkrebs hatte und bei der Operation Eierstöcke und Gebärmutter entfernt wurden.

Julia ist 49 Jahre alt und litt schon vor der Operation an den Folgen eines Hormonmangels und der damit einhergehenden Umstellung ihres Körpers.

Kurz nach der Operation begannen ihre Wechseljahre. Ihre starken Stimmungsschwankungen sind seitdem für sie selbst, aber auch für ihre Familie schwer erträglich.

Hinzu kommt nun noch die Hormonumstellung ihrer Söhne. Die beiden Jungs sind in der Pubertät – ich nenne diese Zeit gern Umbauphase. Hormonmangel stößt nun auf Hormonüberfluss. Ich schlage Julia vor, bei den Söhnen die J1- und die J2-Vorsorgeuntersuchungen durchzuführen. So kann ich mit beiden ein nettes Gespräch führen.

Außerdem empfehle ich Julia, zur Frauenärztin zu gehen und sich über den Hormonstatus beraten zu lassen. Den Jungs schlage ich Sportarten wie Tai-Chi vor.

Durch die Einnahme von Hormonen bekommt Julia ihre Nervosität in den Griff. Zusätzlich entscheidet sie sich für eine psychotherapeutische Behandlung, um ihre schwere Operation zu verarbeiten. Und auch die Jungs werden durch den Sport ausgeglichener.

Wenn wir vernünftig handeln wollen, müssen wir unser Problem erkennen.

Also nehmen Sie sich selbst und Ihr Denken wahr und geben Sie Ihrer Sorge einen Namen. Machen Sie sich eine Liste. Schreiben Sie alles auf, was gerade stört, nervt und ärgert, und weshalb Sie sich Sorgen machen. Schon bei diesem Prozess schalten Sie Ihre Amygdala aus und wenden sich an Ihre Hirnrinde. Das ist der richtige Weg zu einer konstruktiven Lösung.

Schritt drei: Akzeptieren oder verändern

Wenn Kinder krank werden, wünschen wir uns, dass sie schnell wieder gesund werden.

Manchmal haben Kinder aber auch chronische Erkrankungen wie Diabetes oder Entwicklungsstörungen, wie bei angeborenen Fehlbildungen oder Gehirnschäden, für die es keine Heilung gibt. In diesen Fällen lernen Eltern mit der Zeit, die Probleme zu akzeptieren. Die Akzeptanz von Schicksalsschlägen und unveränderbaren Dingen ist ein Türöffner für neue Wege.

Eine Geschichte aus der Praxis

Susanne und Jörg haben zwei Söhne. Leonard ist zehn Jahre alt und Paul sieben. Paul fiel bereits im Säuglingsalter auf, weil er sich motorisch langsamer entwickelte als sein Bruder. Er lernte später laufen und sprechen. Über seine gesamte Entwicklung war Paul immer etwas langsamer, aber er wirkte gleichzeitig freundlich und zufrieden.

Schon früh wurde Paul wegen seiner leichten Entwicklungsverzögerung in der Universitätsklinik untersucht. Da keine besonderen Auffälligkeiten festgestellt werden konnten, wurde abwartendes Beobachten empfohlen.

Paul wurde mit sieben Jahren eingeschult. Doch schon sehr früh fiel er der Lehrerin auf, und sie bat Susanne und Jörg zum Elterngespräch.

Im Gespräch teilte sie ihnen mit, dass Paul in der Klasse nicht mithalten könne. Paul sei überfordert, berichtete die Lehrerin, die Kinder würden ihn mobben und er würde darauf zunehmend aggressiv reagieren. Die Lehrerin war mit der Situation überfordert.

Pauls Eltern hatten ihren Sohn zuletzt eher als gemütlich eingestuft, wussten sie doch, dass er generell keine großen Auffälligkeiten bei den vorherigen Untersuchungen gezeigt hatte. Nie hätten sie gedacht, dass er Probleme in der Schule bekommen könnte.

Ergänzende Untersuchungen in der Uniklinik zeigten jedoch, dass er eine Lernbehinderung hat. Sein Verhalten und seine Aggressivität sind ein Zeichen dafür, dass Paul maßlos gestresst ist. Paul ist in der Schule überfordert, weil er die Aufgaben nicht erfüllen kann.

Wie aber reagieren die Eltern? Pauls Vater Jörg ignoriert die Diagnose und schimpft, dass Paul nichts habe, nur bockig und unmotiviert sei. Selbst die Testergebnisse zweifelt er an. Er glaubt nicht, dass Paul schlecht abgeschnitten habe. Stattdessen betont er, dass Paul könne, wenn er wolle. Er wolle nur eben nicht. Und dass er bei der Untersuchung nicht gut abschneiden konnte, weil er zu nervös oder nicht konzentriert genug gewesen sei – wie so oft.

Jörg gab Paul die Schuld und hegte einen großen Groll gegenüber seinem jüngsten Sohn. »Er will nie, er ist immer anstrengend und macht unserer Familie das Leben unerträglich«, sagt Jörg zu mir. Jörg ist so frustriert, dass er anfängt, Paul abzulehnen. Er gibt ihn gewissermaßen auf, was für die ganze Familie noch mehr Stress bedeutet.

Es dauert lange, bis Pauls Eltern, vor allem sein Vater, akzeptieren können, dass Paul ein individuelles Problem hat. Erst mit dieser Akzeptanz öffnen sich neue Türen für Paul und die ganze Familie.

Als Erstes wechselt Paul die Schule. Dann werden Fördermaßnahmen eingeleitet, die seiner Individualität Rechnung tragen. Es gibt endlich keinen Kampf mehr, Paul auf ein Niveau bringen zu wollen, das er gar nicht erreichen kann. Die Situation im Haus entspannt sich zunehmend.

Es ist sicher für viele Eltern ein Schock, zu erfahren, dass ihr Kind individuell ist. Dieses Wort nutze ich für alle Kinder, die von der Norm abweichen. Und das sind einige. Nicht nur lernbehinderte Kinder sind individuell, sondern fast alle Kinder mit Teilleistungsstörungen. Auch Kinder mit chronischen Krankheiten sind individuell. Trotzdem haben diese Kinder viele Fähigkeiten und positive Eigenschaften. Auch das ist ein Grund, warum ich das Wort individuell sehr gerne benutze.

Es ist ganz gleich, wie individuell Ihr Kind ist. Je früher Sie Ihren Sohn oder Ihre Tochter als ganze Persönlichkeit akzeptieren, desto schneller finden Sie einen neuen Weg, desto schneller können Sie den Stress entsorgen.

Das Leben mit Kindern ist niemals statisch. Pauls Eltern konnten sich lange nicht vorstellen, dass Paul einfach nicht konnte. Sie dachten, er wollte nicht.

Und deshalb haben sie ständig versucht, ihn zu verändern, in die Norm zu pressen. In ihr Bild, was ihnen ihr Seepferdchen durch ihren ersten Sohn Leonard vorgegeben hatte. Aber wir müssen auch akzeptieren, wenn sich unsere Kinder nicht so entwickeln, wie wir uns das in unseren schönen Träumen vorgestellt haben.

Schritt vier: Veränderung

Die Natur hat der Menschheit die Fähigkeit gegeben, sich immer weiterzuentwickeln. Diese Grenzenlosigkeit äußert sich unter anderem darin, dass wir zum Mond fliegen und Schafe klonen können. An solch markanten Meilensteinen können Sie die Entwicklung der Menschheit wahrnehmen. Wer hätte das vor 500 Jahren gedacht oder überhaupt erahnen können?

Eine Geschichte aus der Praxis

Karins Sohn Jonas ist sechs Jahre alt. Er wurde gerade eingeschult. Schon kurze Zeit nach der Einschulung bekommt Karin im Gespräch mitgeteilt, dass etwas mit ihrem Sohn nicht stimme – er sei sehr unruhig. Die Ärztinnen / Ärzte diagnostizierten eine Aufmerksamkeitsstörung.

Karin wird empfohlen, Jonas mit Ritalin zu behandeln. Karin sucht einen zweiten und auch einen dritten Kinder- und Jugendpsychiater auf, um mehrere Meinungen zu hören. Alle sind überzeugt davon, dass Jonas zwar sehr intelligent sei, aber ohne Medikamente die Grundschule nicht schaffen würde.

Karin akzeptiert, dass ihr Sohn ein Problem hat. Aber sie ist nicht bereit, die vorgeschlagene Lösung zu akzeptieren. Karin ist hochgestresst, sie will ihrem Sohn keine Medikamente geben. Sie empfindet Ritalin als Gefahr für ihr Kind.

Also wechselt sie die Schule und fängt an, intensiv mit ihrem Sohn zu arbeiten.

Er ist nicht hyperaktiv, sondern verträumt und unaufmerksam, er hat Probleme mit der Konzentration.

Die neue Schule gibt ihr und ihrem Sohn Hoffnung und Zuversicht. Das führt dazu, dass auch Jonas entspannt lernen kann, denn Kinder lernen nur, wenn sie keinen Stress empfinden. Stress blockiert nachweislich unser Großhirn. Wir können unter Stress nichts Neues lernen oder vernünftig Aufgaben in der Schule erledigen.

Jonas hat es nicht leicht, aber seine Mutter hat es geschafft, die Schulsituation und Umgebung für ihn zu ändern. Sie besorgt ihm einen tollen, verständnisvollen und freundlichen Psychologen, der eine Verhaltenstherapie mit ihm macht. Inzwischen ist Jonas in der zehnten Klasse eines Gymnasiums und wird zunehmend selbstständiger.

Festplatte mit schlechten Gedanken löschen

Wenn wir etwas Unangenehmes erleben, formt sich für diese Erinnerung ein Schaltkreis in unserem Gehirn. Wir speichern das ab, was wir erlebt haben. Leider hängen wir

Menschen an diesen Erinnerungen und lassen sie nicht aus unserem Kopf heraus.

Manche Traumata sind so stark und haben die Betroffenen so bedroht, dass diese verängstigt und eingeschüchtert sind, es gelingt ihnen dann nur mit professioneller Hilfe, die Gedanken und Erinnerungen wieder loszuwerden.

Die Neurowissenschaft zeigt uns, dass solche Hirnschaltkreise nichts anderes sind als Nervenverbindungen im Gehirn. Wenn wir sie immer wieder aufrufen, werden sie immer stärker und dicker und dominanter. Wenn wir sie allerdings nicht mehr benutzen, werden sie schwächer und verschwinden mit der Zeit.

Es gibt im Englischen einen Spruch für diese Nerven: »Use it or lose it.« Frei übersetzt heißt das: Die guten Nervenverbindungen nutzen – den Rest entsorgen. Was nicht gebraucht wird, verblasst und verschwindet.

Eine Geschichte aus der Praxis

Thomas kommt mit seiner 18 Monate alten Tochter Leonie in meine Praxis. Sie sind gerade aus dem Krankenhaus entlassen worden und wollen sich kurz bei mir vorstellen. Es sei etwas sehr Schlimmes passiert, sagt er vorab.

Die Familie ist vor ein paar Wochen in eine neue Wohnung gezogen. Thomas kocht in der Küche das Mittagessen, er hat Elternzeit und passt auf Leonie auf.

Thomas' Frau Karin ist für einige Tage auf einer Fortbildung. Thomas' Mutter ist zu Besuch und alle sind bestens gelaunt. Die kleine Leonie spielt auf dem Boden mit ihren Klötzchen, stampft immer mal wieder herum, inspiziert die Schränke und widmet sich dann wieder ihren Bauwerken.

Thomas schaut immer wieder zu Leonie und erzählt seiner Mutter, wie glücklich er sei und wie sehr er die Zeit mit Leonie genieße.

Plötzlich sieht er aus dem Augenwinkel, wie Leonie eine Gabel in die Steckdose steckt. Bevor Thomas reagieren kann, schreit Leonie laut auf und fällt um. Sie hat sofort Schaum vor dem Mund, zuckt wie unter einem epileptischen Anfall.

Ein paar Sekunden später ist Leonie papierweiß und hat blaue Lippen. Thomas schreit nun ebenfalls vor Schreck, hebt seine leblose Tochter vom Boden auf und ruft den Notarzt. Thomas merkt, dass seine Tochter nicht mehr atmet, und beginnt sie wiederzubeleben. Schon unter diesen Notfallmaßnahmen ihres Vaters beginnt Leonie wieder zu atmen.

Leonie wird ins Krankenhaus gebracht und nach einer Woche Überwachung gesund entlassen. Bis auf eine Verbrennungsnarbe an einem Finger kann nichts festgestellt werden. Es stellte sich heraus, dass die Handwerker vergessen hatten, die versprochene Kindersicherung für die Steckdosen einzubauen.

Thomas fließen die Tränen aus den Augen, als er mir erzählt, was passiert war. Ich lausche sprachlos. Was kann schlimmer sein, als das eigene sterbende Kind in den Armen zu halten? Leonie ist von unserem Gespräch gelangweilt, für sie ist das Leben wieder in Ordnung. Sie ist wieder so fit und lebenslustig wie zuvor. Um sie muss ich mich nicht kümmern.

Mich interessiert dafür sehr, wie Thomas und sein Frau Karin nun mit der Situation umgehen. »Uns ist bewusst, wie viel Glück wir hatten, dass unsere Tochter ohne Schaden davongekommen ist.« Thomas stockt. »Und dass sie lebt und gesund ist. Aber ich bekomme die Bilder nicht aus dem Kopf. Ich stehe immer noch unter Schock. Wir müssen beide immer wieder weinen, und ehrlich gesagt, wird es immer schlimmer.«

Es wundert mich immer wieder, dass Eltern, die ein solch traumatisches Erlebnis durchmachen, keine professionelle Hilfe und Gesprächsangebote bekommen. Solche Situationen können bei psychisch labilen Menschen zu Nervenzusammenbrüchen führen.

Ich erkläre Thomas, dass er sich gar nicht richtig über Leonie freuen könne, weil er die Bilder nicht aus dem Kopf kriege. Jedes Mal wenn er Leonie sehe, erlebe er den Unfall im Kopf nach. Er nickt. Unser Hirn klammert sich an solche Erinnerungen, weil sie in der von Bedrohung und Wichtigkeit dominierten Rangliste ganz weit oben stehen. Der Sinn dahinter ist, dass unser Gehirn die Erfahrung nicht noch einmal machen möchte und Thomas warnt.

Und genau das ist jetzt sein Problem. Wo soll er bei seiner kleinen Tochter anfangen aufzupassen? Nach so einem Ereignis müsste Thomas doch Leonies gesamte Welt nach losen Kabeln absuchen, sie in diesem unfallgefährdeten Alter pausenlos überwachen. Noch mehr als bisher. Wie soll das gehen?

Es ist unmöglich. Dazu entwickelt Thomas ein schlechtes Gewissen. Er fühlt sich schuldig, er hätte besser aufpassen sollen. Thomas hat das Vertrauen in sich als Vater verloren.

Es ist anstrengend, Sorgen zu entsorgen. Man muss es unbedingt wollen. Man muss sich immer wieder sagen: »Ich will meine Sorgen nicht.« Oder: »Ich fange jetzt an, gut zu denken, meine Gedanken sollen für mich vorteilhaft werden.«

Das Gehirn hört Ihnen zu und weiß nicht genau, ob Sie es

ernst meinen. Aber schon mit der Äußerung des Wunsches machen Sie Kanäle und Synapsen im Gehirn frei.

Schlechtes Gewissen und Schuldgefühle

Würde Thomas sich jetzt einen Psychologen suchen, würde es einige Tage oder gar Wochen dauern, bis er einen Termin und den richtigen Therapeuten findet.

»Schuld gehört in den großen Gehirn-Mülleimer«

Auch dort müsste er alles wieder erzählen, alles erleben. Stattdessen habe ich ihm die Methodik des *Beneficial Thinking* erklärt und ihm empfohlen, sie auszuprobieren.

Damit kann er anfangen, sich selbst zu heilen. Als Erstes sage ich ihm, er solle wiederholt »Danke« sagen. Danke, dass es Leonie gut geht. Jedes Mal, wenn ihn das Bild mit der leblosen Leonie im Arm verfolgt, soll er es durch ein Bild von Leonies Geburt austauschen. Automatisch, ohne zu denken. So lernt er, sein Gehirn mit einer schönen Erinnerung zu entlasten.

Wann immer das schlechte Gewissen Thomas auflauert, soll er laut mit seinem Gewissen sprechen. Und auch hier sagen und wiederholen, dass er dankbar ist. Thomas kann dadurch erkennen, dass es nur ein Bild aus der Vergangenheit ist, das ihn verfolgt. Und wenn dieses Bild kommt, weiß er, dass jetzt alles gut ist. Es war ein Unfall, an dem er keine Schuld hatte, und er hatte genau richtig reagiert.

Ich empfehle Thomas, auch einmal auszuprobieren, an Kaiserschmarrn zu denken, wenn diese schreckliche Erinnerung in ihm hochkommt. Da fängt er schon an zu lachen. Wir überlegen, wie viele Eier ausreichen würden, ob Kaiserschmarrn mit Eis oder mit Zwetschgenkompott besser schmeckt, und ich sehe, wie Thomas' Amygdala und sein Gehirn sich zunehmend entspannen.

Ein paar Monate später kommen Karin und Thomas mit Leonie zur Vorsorgeuntersuchung und bringen einen Strauß Blumen mit. Sie bedanken sich mehrfach und erklären uns, wie gut der Kaiserschmarrn hilft.

Sorgen entsorgen

Die einzigen echten und bösen Dämonen, die es gibt, sind unsere schlechten oder falschen Gedanken. Die Menschen haben schon vor Tausenden von Jahren verstanden, dass manche Ereignisse den Geist stören, ihn immer wieder heimsuchen und nicht in Ruhe lassen. Aus diesem Grund haben Menschen verschiedene kulturelle Traditionen und Gewohnheiten entwickelt, um die »Dämonen« aus ihrem Gehirn zu jagen.

Gläubige Menschen haben Gott, Buddhisten haben ihre Meditation, Chinesen ihr Tai-Chi, Inder haben Yoga und ihre verschiedenen Götter.

Diese aus der Kultur entstandenen Maßnahmen dienen alle der Reinigung des Geistes. Aus diesem Grund fällt ein soziales Leben ohne Glauben vielen Menschen schwer.

In unserer westlichen Welt ist seit der Aufklärung das Vertrauen in die Religionen immer weiter zurückgegangen.

Wir glauben nur noch, was sich beweisen lässt.

Damit sind auch viele kulturelle Traditionen verschwunden, die uns geholfen haben: Bei der Beichte in der Kirche konnten die Menschen einst ihren Ballast dem Geistlichen übergeben. Heute ersetzen Psychologen und Therapeuten oft die Seelsorger.

Das Leben ist immer im Wandel begriffen, und die Menschen suchen und streben immer nach Glück oder Glücksmomenten. Ich glaube, dass *Beneficial Thinking* zwar sinnvolle Traditionen nicht ersetzen, aber jedem ein wenig Glück schenken kann – durch das Reduzieren von Ängsten und das Entsorgen der Sorgen. Und bei Kindern fördert es eine gesunde und glückliche Entwicklung. Ist es nicht das, was alle Eltern wollen?

Wissen und Gelassenheit

Sie haben nun erfahren, wie wichtig es einerseits ist, bei unseren Kindern nicht jede Regung als Problem oder Krankheit zu interpretieren. Andererseits durchleben Kinder gerade in den ersten Lebensjahren natürlich auch immer wieder Krankheiten. Wissen und Gelassenheit sind auch hier wichtige Bausteine, um mit diesen Situationen zum Wohl der ganzen Familie gut umzugehen.

Daher möchte ich Ihnen im zweiten Teil anhand der wichtigsten Phasen und der häufigsten Krankheitsbilder vom Baby- bis zum Jugendalter aufzeigen, wie Sie diese mit vorteilhaftem Denken besser durchleben und Ihren Kindern Ruhe und Zuversicht vermitteln. Selbstheilungsprozesse können dadurch verbessert werden.

Mit der Hilfe von *Beneficial Thinking* können Sie es schaffen, aufkommenden Krankheiten weniger sorgenvoll zu begegnen und zu unterscheiden, wo Sie gelassen abwarten und wo Sie möglichst stressfrei handeln können. Das dafür notwendige Hintergrundwissen und die entsprechenden Übungen gebe ich Ihnen hier noch einmal konkret an die Hand.

2.

Die Entwicklung der Kinder fördern und Krankheiten bewältigen

DIE ERSTEN DREI MONATE

Geburt und das neue Leben

Schwangerschaft und Geburt sind große Ereignisse für alle Mütter und Väter. Besonders bei uns im Westen haben sie aber viel von ihrer Selbstverständlichkeit verloren. In Europa haben Eltern große Angst, etwas falsch zu machen. Das führt seit einigen Jahren dazu, dass die Monate der Schwangerschaft einem Studium ähneln.

Alles wird zu jedem Thema gelesen, jede Eventualität und Abweichung gecheckt. Eltern lesen, was Experten und andere Eltern über den ganzen Erdball hinweg raten und meinen, während sie ungeduldig auf die Geburt warten.

»Am Anfang ist das Wissen im Cortex weniger gefragt als das Gefühl im Mittelhirn«

Dann geschieht das Wunder, und das Baby ist endlich da. Die Aufregung und das Warten sind vorbei. Stattdessen Erleichterung und große Freude. Alle sind wie erlöst.

Der Moment, in dem Eltern ihr Kind das erste Mal anschauen, ist surreal, unbeschreiblich schön und verrückt. Es entstehen neue Verschaltungen im Gehirn der Eltern, die für die Ausschüttung von Bindungs- und Liebeshormonen zuständig sind. Die Geburt eines Kindes verändert Eltern für immer. Ein neuer Lebensabschnitt beginnt. Eltern sind nicht mehr wiederzuerkennen, sie sind nur auf das Baby fokussiert und wirken berauscht.

Nach der Geburt kommen dann die ersten Anstrengungen: Ganz gleich, wie gut die Vorbereitung war – das Baby reagiert nie, wie es in den Büchern steht. Und es schläft auch nicht so, wie es in den Foren berichtet wird. Viele Eltern setzen nun das Studium fort, das sie in der Schwangerschaft begonnen haben. Jede Bewegung und jedes Geräusch werden in Suchmaschinen eingegeben, um sie mit dem, was Experten oder andere Eltern sagen, abzugleichen. Und damit beginnen oft die Sorgen. Denn wenn ihr Kind im Verhalten zu früh oder zu spät, zu laut oder zu leise ist, werden die unausgeschlafenen Eltern nervös. Ihr Stress-System aktiviert sich.

Was Eltern tun können

Es ist Zeit für Gefühle! Erlauben Sie sich, weniger zu denken und mehr zu fühlen.

Das Seepferdchen im Mittelhirn Ihres Babys muss viele schöne Gefühle spüren, riechen und schmecken, Sicherheit und Liebe auftanken, die es später im Leben braucht. Jetzt ist die Zeit, diese Speicher zu füllen. Diese Bindung in den ersten Wochen und Monaten stützt Ihr Kind ein Leben lang.

Eltern sollen auf ihre angeborenen Instinkte vertrauen. Nutzen Sie die Anfangszeit, um mit dem Baby zu kuscheln, zu kommunizieren und eine starke Bindung aufzubauen. Lernen Sie sich kennen. Eltern sollten in dieser Zeit ihr Neugeborenes viel tragen. Je mehr Körperkontakt, desto besser – Neugeborene profitieren von der Zeit, in der sie sich ihren Eltern körperlich nah fühlen. Überall in der Welt werden Kinder in Tüchern getragen, sobald die Eltern das Haus verlassen. Lassen Sie den Kinderwagen also ruhig einmal stehen.

Was Eltern lassen können

Die Geburt ist eine große Anstrengung. In unserer westlichen Welt gibt es überall qualifizierte Ärztinnen / Ärzte und Hebammen, die Fragen zu Gesundheit und Entwicklung beantworten können. Sie brauchen also kein Studium der Medizin, der Geburtshilfe und der Kinderheilkunde im Netz zu absolvieren! Akademisches Wissen ist in dieser Zeit nicht gefragt. Sie können Ihr Großhirn und seine Intelligenz in dieser Phase ruhen lassen. Versuchen Sie, die Außenwelt und Ihre Sorgen nicht an sich heranzulassen.

Wenn Sie das Gefühl haben, dass etwas nicht stimmt, dann fragen Sie Ihre Kinderärztin und haben Sie Vertrauen. Das stundenlange Recherchieren und der Versuch, alles zu verstehen, verursachen unnötigen Stress. Sie brauchen sich nicht auf ein Staatsexamen vorzubereiten – das haben Kinderärzte für Sie übernommen. Beobachten Sie Ihr Baby und lernen Sie es kennen.

Eine Geschichte aus meiner Kindheit

Schwangerschaft und Geburt machen die menschliche Existenz auf Dauer erst möglich. Schon immer haben Menschen Kinder in die Welt gesetzt, und das ohne Ratgeber, weder zur Schwangerschaft noch zur Geburt.

BT-Tipp: *Denkpause, Tunnelfahrt*

Die Geburt eines Kindes ist wundervoll, aber es wird oft vergessen, dass sie zugleich sehr stressig ist. Eine Ruhephase danach ist extrem wichtig! Eltern, die sich nach der Geburt keine Zeit zur Erholung nehmen, bekommen häufiger Beschwerden wie Depressionen oder Angst.

Schlafen Sie daher, wenn Ihr Baby schläft, und vergessen Sie den Tag-Nacht-Rhythmus in den ersten Wochen. Der Schlaf ist das wichtigste Heilmittel, um sich von den Strapazen der Geburt zu erholen – für Eltern wie für Kinder. Manchen Eltern fällt es schwer abzuschalten, tausend Gedanken kreisen, deshalb können sie nicht schlafen. Ich empfehle dann die Übung mit der Tunnelfahrt (siehe Seite 72).

Ich kann mir gar nicht vorstellen, was eine äthiopische Bäuerin oder eine indische Hausfrau sagen würde, wenn ich ihr empfehlen würde, zur Schule zu gehen und zu lernen, wie ein Mensch richtig gebärt, oder regelmäßig Atemübungen mit dem Vater des Kindes zu trainieren. Frauen aus den reichen Industrieländern wiederum können nicht nachvollziehen, wie sich Frauen in anderen Ländern an manche Traditionen und strenge Rituale halten.

In Äthiopien gibt es in der Regel lokale Hebammen oder ältere Familienmitglieder, die bei der Geburt dabei sind, die meisten Kinder werden zu Hause geboren. Natürlich auch, weil die Umstände es nicht anders zulassen, die medizinische Versorgung sehr dürftig und für viele Frauen unerreichbar ist.

In der streng gelebten christlich-orthodoxen Kultur Äthiopiens müssen Mütter nach der Geburt bestimmte Traditionen befolgen. Sie sollen demnach idealerweise die ersten zwei Wochen im Bett liegen und erst vier Wochen nach der Geburt das Haus verlassen. So sollen sie sich körperlich und geistig erholen. Für die Mütter macht man jeden Tag einen speziellen Getreidebrei mit Butter und einer Gewürzmischung, die Genfo genannt wird. Es heißt, dass dieses Gemisch die Mutter stärkt und die Milchbildung in Gang setzt.

Diese Traditionen bewirken in erster Linie, dass sich gekümmert wird. Teil der Kultur ist auch, dass das Kind, um vor bösen Geistern beschützt zu werden, nicht eine Sekunde von der Mutter getrennt werden darf. Die Mutter hat das Baby also immer bei sich. Entweder schläft das Neugeborene mit der Mutter, oder sie trägt das Baby mit einem Tragetuch an ihrem Körper. Es wird nicht überlegt, ob das Baby dadurch zu sehr »verwöhnt« wird. Auch kommt niemand auf die Idee, eine Uhr zu stellen für die Stillmahlzeiten.

Kinderwagen, Schnuller und Neugeboren-Wiegen gab es früher in vielen Entwicklungsländern gar nicht. Auch wenn das heute wahrscheinlich etwas anders aussieht, so dürften auch heute noch in Äthiopien die Zuwendung und das Kümmern – nicht nur gegenüber dem Kind, sondern auch gegenüber der Mutter! – weiter einen hohen Stellenwert haben.

Deprimiert im größten Glück?

Als Petra mit ihrem drei Wochen alten Sohn Noah zu mir in die Praxis kommt, fühlt sie sich erschöpft und will wissen, ob es ihrem Sohn gut geht.

Ich untersuche den kleinen Noah gründlich und kann keine Auffälligkeiten feststellen – er ist gesund und wirkt zufrieden.

Daher ahne ich, dass hier vielleicht eher die Mutter Hilfe braucht. Ich frage Petra, wie Schwangerschaft und Geburt verlaufen waren. Als sie zu erzählen anfängt, füllen sich ihre Augen mit Tränen. »Die Geburt und Schwangerschaft waren toll, aber ich bin seit einiger Zeit viel allein. Wir sind neu in dieser Stadt, und es ist nicht einfach für mich. Mein Partner ist beruflich eingespannt, Jochen hat nur fünf Tage freinehmen können. Meine Eltern wohnen weit entfernt und sind nicht belastbar, meine Mutter muss meinen Vater pflegen. Jochens Eltern leben noch weiter weg. Trotz der Freude über meinen kleinen Jungen fühle ich mich ziemlich allein und einsam, bin traurig und völlig überfordert.« Petra fängt bitterlich zu weinen an.

»Ich habe mich so auf das Baby gefreut – und jetzt könnte ich nur noch heulen ...«

Babyblues

Nicht wenige Mütter erleben ein paar Tage nach der Geburt, dass sie sich extrem erschöpft, deprimiert oder gereizt fühlen und ihnen ständig zum Weinen zumute ist. Vielleicht sorgen sie sich um die Gesundheit ihres Babys, obwohl es ihm eigentlich gut geht.

Dieser Zustand wird oft durch die gewaltigen Ereignisse rund um die Geburt hervorgerufen, die körperliche, hormonelle und auch seelische Veränderungen nach sich ziehen.

Auch wenn sich viele Frauen diese Gefühle gar nicht erklären können – haben sie sich doch so über die Ankunft des Babys gefreut! –, ist dieses Phänomen nicht ungewöhnlich. Man nennt es auch »Babyblues«. Keinesfalls sind diese Mütter nur wehleidig oder überempfindlich, was ihnen leider manchmal nachgesagt wird.

Unsicherheit und Angst in Bezug auf die Versorgung des Babys, die plötzliche Verantwortung und die Anpassung an die neue Rolle oder auch Einsamkeit können diese Gefühle verstärken.

In leichter Form verschwindet der Babyblues oft von selbst wieder. Partner, Verwandte oder Freunde können die junge Mutter bei ihrer Erholung und Alltagsorganisation unterstützen und damit dafür sorgen, dass es ihr rasch wieder besser geht und sie sich zusammen mit ihrem Baby gut in die neue Lebenssituation einfindet.

Postpartale Depression
Bei einigen Müttern hält dieser Zustand aber an oder verstärkt sich, sodass sie viel weinen und vollkommen überfordert sind. Sie haben dann häufig das Gefühl, keine Bindung zu ihrem Baby aufbauen zu können. Sie entwickeln nach der Geburt eine sogenannte postpartale Depression (»Wochenbettdepression«). Bei anderen Frauen kann die Geburt psychische Erkrankungen wieder hervorrufen, unter denen sie zu einem früheren Zeitpunkt ihres Lebens schon einmal litten.

Diese Mütter dürfen nicht lange leiden und müssen sofort spezielle Hilfe bekommen! Frauenärztin, Hebamme und Kinderärztin müssen dringend informiert werden, damit die Mütter schnell geeignete Unterstützung bekommen.

Petra war nach der Geburt alles zu viel: Sie empfand keinerlei Freude mehr über ihr Baby, fühlte sich zunehmend unfähig, es zu versorgen, und konnte manchmal kaum mehr aufstehen – der mögliche Beginn einer postpartalen Depression. Auch Petras Mann Jochen machte sich große Sorgen. Zusammen mit der Hebamme, der Frauenärztin und der hiesigen »frühen Hilfe« für gestresste Mütter fanden sie Unterstützung, sodass Petras Zustand rasch wieder stabilisiert werden konnte.

Wenn die Umstände nach der Geburt zu Depressionen führen, sollte schnell eine Ärztin konsultiert werden. Natürlich können Wochenbettdepressionen auch entstehen, wenn man fest in einem verlässlichen, liebevollen Netzwerk eingebunden ist. Auch und vor allem in diesem Fall sollte rasch ärztliche Hilfe gesucht werden.

Was Eltern tun können

Die postpartale Depression entsteht oft schleichend. Da sie sich aber sehr schnell verstärken kann, ist bei dem Gefühl der Traurigkeit oder Überforderung ein sofortiges Gespräch mit Kinderärztin, Frauenärztin oder Hebamme empfehlenswert. Viele Mütter schämen sich für ihre Gefühle, sie trauen sich nicht darüber zu reden und leiden oft im Geheimen.

BT-Tipp: *Denkpause, Wortwiederholung*

Beim ersten Kind ist es oft einfacher, sich zu erholen, als beim zweiten oder dritten Kind. Es wird ein wenig schwieriger, ausreichend Zeit für alle aufzutreiben – aber für die älteren Kinder ist das kein Problem, solange es ihnen gut geht.

Oft entwickeln Mütter trotzdem ein schlechtes Gewissen. Sie haben den Anspruch, immer für alle da zu sein. Um den Stress zu reduzieren und die Widerstandsfähigkeit zu steigern, empfehle ich meinen Patientinnen, sich jeden Tag zwanzig Minuten für eine Denkpause freizuschaufeln. Ich weiß, dass das nicht leicht ist. Manchmal höre ich von Müttern, dass sie noch nicht mal Zeit haben, zur Toilette zu gehen.

Die Uhrzeit ist egal, sie kann auch variieren, aber die Regelmäßigkeit ist wichtig. In diesen zwanzig Minuten nehmen Sie Ihr Neugeborenes auf den Arm und singen Sie ihm ein Lied vor, dessen Text nur aus einem Wort besteht: Danke. Atmen Sie ruhig, tief und denken Sie nur an das Wort Danke. Sie können es wiederholen oder es melodisch singen. Dabei streicheln Sie das Baby. Und wenn es nicht ruhig ist, nehmen Sie es ins Tuch. Neugeborene sind meist ruhig, wenn sie getragen werden. Danke, Danke und noch mal Danke (siehe Seite 76).

Natürlich können Sie auch ein anderes Wort wählen.

Was Eltern lassen können

Versuchen Sie nicht, zu beweisen, dass Sie niemanden brauchen oder wie perfekt Sie alles alleine schaffen. Und schämen Sie sich nicht, wenn es Ihnen nicht gut geht oder Sie negative Gefühle in Bezug auf Ihre Mutterschaft haben. Geben Sie sich einen Ruck, und suchen Sie Hilfe! Je schneller Sie Unterstützung bekommen, desto besser für Sie, für das Baby und die ganze Familie.

Jede Mutter braucht ein Dorf!

Zur Erholung nach der Geburt gehört auch, nicht allein zu sein. Wer keine Freunde oder Familienmitglieder in der Nähe hat, wer nach der Geburt auf sich selbst gestellt ist – zum Beispiel, weil der Partner abwesend oder die Mutter von Beginn an alleinerziehend ist –, der ist oft überfordert. Das verstärkt den Stress. Dieser kann zu Depressionen führen – die schnell vom Baby wahrgenommen werden. Neugeborene spüren alle Schwingungen der Mutter.

»Um ein Kind großzuziehen, braucht man ein ganzes Dorf«

Als Erstes sollten Eltern wissen, wie wichtig ein kleines Netzwerk für das Familienleben ist. Fragen Sie Ihre Hebamme, ob sie von Kursen weiß, an denen Sie teilnehmen können. Rückbildung, Babymassage, Babyschwimmen, Pekip-Kurs – das sind alles sehr gute Möglichkeiten, Eltern mit Kindern im gleichen Alter kennenzulernen. Oft reicht schon eine Mutter oder ein Vater aus, um sich auszutauschen und auch auszuhelfen. Wenn die Kinder gemeinsam aufwachsen, werden sie oft Freunde. Dann lassen sich zum Beispiel auch Ferien gemeinsam planen.

In den Tagen und Wochen nach der Geburt wünschen sich Eltern oft gar keinen Besuch – meist aber haben sie nur keine Lust, Gastgeber zu spielen und Familie und Freunde zu bewirten. Hilfe nehmen fast alle gern an!

Und darum geht es auch: dass Großeltern mal kochen, Nachbarn einkaufen, Kollegen einen Kuchen vorbeibringen und Freunde mal durchwischen. Die meisten Menschen tragen gern dazu bei, die Zeit nach der Geburt angenehm zu gestalten – man muss ihnen nur die Möglichkeit geben.

Eine Geschichte aus meiner Kindheit

Wenn meine Mutter mit einem Baby aus dem Krankenhaus nach Hause kam, wurde sie von Frauen aus dem Freundes- und Familienkreis mit Jubel und Tanz empfangen. Nachbarn und Verwandte kamen abwechselnd zu uns nach Hause und versorgten uns während der ersten beiden Wochen, in denen meine Mutter mit dem Baby im Bett blieb. Sie haben gekocht und geputzt, das Schlafzimmer betraten sie jedoch in den ersten vier Wochen nur in Ausnahmefällen. Heute nehme ich an, dass damit das Risiko von Infektionskrankheiten reduziert werden sollte.

Für uns Geschwister war eine Geburt ein besonderes Fest, und unsere Mutter hatte wenig Stress. Jede Nachbarin brachte etwas mit, meistens Lebensmittel. Irgendwann kam dann der Priester mit Weihwasser, so bekam das Neugeborene seinen Segen.

Bald folgte die Taufe. Als Kind fand ich diese festliche

Stimmung großartig. Es waren immer fröhliche Zeiten. Nach zwei Monaten wurde es dann wieder ruhiger, der Besuch wurde weniger und der Alltag trat wieder ein.

Bis dahin aber waren meine Mutter und das Neugeborene mit Fröhlichkeit, Glückwünschen und praktischer Hilfe sanft, und gleichzeitig weitestgehend ungestört, durch die Zeit nach der Geburt getragen worden.

Traditionen und Rituale – Stresspuffer, Entlastung und Wertschätzung

In vielen Ländern gibt es Traditionen, die ursprünglich dazu dienten, den Alltag von Müttern und Kindern in den ersten drei Monaten nach der Geburt zu vereinfachen. So wird in Südamerika die Zeit nach der Geburt *La Cuarentena* genannt, übersetzt heißt das Quarantäne.

»Viele Naturvölker haben einen Schutzmechanismus für die Mutter in den ersten Wochen nach der Geburt entwickelt«

Für die sechs Wochen nach der Geburt sind der Mutter viele Aktivitäten verboten. Kein Geschlechtsverkehr, keine anstrengende Hausarbeit, dazu eine bestimmte Diät. Diese Zeit wird der Mutter gegeben, um eine Bindung zu ihrem Baby aufzubauen: Sie soll in Ruhe stillen können und mit der neuen Herausforderung klarkommen. Hilfe bekommt sie in dieser Zeit selbstverständlich durch Familie, Nachbarn und Freunde.

Viele Naturvölker haben für die anfänglichen Strapazen, die eine Geburt mit sich bringt, einen Schutzmechanismus für die Mutter entwickelt. Sie verstehen Tradition und Rituale als Stresspuffer, als Entlastung und als Wertschätzung. Über Hunderte von Jahren haben Menschen verstanden, wie wichtig es ist, Schwangere und Neugeborene zu unterstützen. Sie haben eine Vorsorgesituation aufgebaut, weil es für die Gemeinde besser ist, wenn das Baby gut ins Leben kommt und wenn die Mutter nach der Geburt möglichst wenig gestresst ist.

Dreimonatskoliken: Babys schreien

Nach der Geburt schreien ausnahmslos alle Babys. Die einen mehr, die anderen weniger. Eltern wissen oft nicht, weshalb das Baby schreit, und vermuten, dass es Bauchschmerzen hat, in diesem Zusammenhang auch Koliken genannt. Besonders in den zwölf Wochen nach der Geburt ist das zu beobachten, weshalb sie auch »Dreimonatskoliken« heißen.

»Die Natur hat vorgesehen, dass Babys eine Bindung zu den Eltern aufbauen – und das einzige Mittel, diese einzufordern, ist ihre Stimme«

Eltern empfinden das Schreien oft als Hilferuf. Sie würden gerne etwas dagegen tun und sind verzweifelt, weil sie ihrem Kind helfen möchten, es ihnen aber trotz aller Anstrengung nicht gelingt.

Eine Geschichte aus der Praxis

Leo ist ein drei Wochen altes gesundes Baby. Er schläft tief und fest in seinem Kinderwagen, während seine Mutter Sylvia neben ihm sitzt und ihn streichelt. Neben ihr sitzt ihr Partner Thomas. Er trägt einen Dreitagebart, bei dem unklar ist, ob er so gewollt ist oder ob er es schlicht nicht geschafft hat, sich zu rasieren. Thomas wirkt ebenso angespannt wie seine Frau. Der Grund für ihren Besuch in meiner Praxis ist Leos Schreien.

Sylvia fängt an: »Es geht immer zum Abend hin los. Gegen 17 Uhr beginnt Leo zu schreien, und wir können ihn nicht beruhigen. Er zieht die Beine hoch, hat kleine Fausthändchen und macht ein Gesicht, als hätte er schlimme Schmerzen. Bestimmt hat er Bauchweh oder Blähungen. Fast jeden Tag geht das so. Meistens zwei Stunden, manchmal auch länger. Davor und danach benimmt er sich allerdings so, als wäre nie etwas gewesen. Er trinkt und schläft. Nachts kommt er alle zwei bis drei Stunden, aber das finden wir nicht schlimm. Es ist das Schreien, das uns das Herz zerreißt. Ich kann Ihnen nicht sagen, wie sehr ich leide, wenn ich ihn schreien höre und hilflos danebenstehe. Ich habe schon alles versucht. Füttern. Baden. Massieren. Singen. Im Kreis tragen. Aber egal, was ich mache, er hört nicht auf. Ich fühle mich machtlos, und es macht mich auch aggressiv.«

Sie macht eine kurze Pause, bevor sie weiterredet. »Im Beruf bin ich erfolgreich. Ich bin so programmiert, dass alles reibungslos funktioniert. Meine To-do-Listen sind immer abgearbeitet. Stress bin ich gewohnt, ich halte viel aus, werde nie laut. Wieso ist es mit Leo anders? Ich komme mir so unfähig vor! Ich bin frustriert, wenn er schreit, weil ich ihm nicht helfen kann, und bekomme manchmal richtig Angst.«

Thomas ergänzt: »Ich mache mir auch große Sorgen, ob wir irgendetwas übersehen, ob es ihm nicht gut geht. Es tut mir körperlich weh, wenn ich ihn schreien höre.«

Es gibt viele Theorien und Hypothesen, wieso und weshalb Babys schreien: Könnte das Baby ein Problem mit dem Nacken haben? Sind das Anpassungsstörungen an das neue Leben? Oder mangelnde Selbstregulierung? Ist der Darm schuld? Da der Leidensdruck sehr hoch ist, sind Eltern bereit, viel zu tun, damit ihr Baby aufhört zu schreien. So gibt es heute verschiedene Tropfen, Salben und Zäpfchen, und in vielen Krankenhäusern sogar eine Schreiambulanz mit spezialisierten Ärztinnen / Ärzten.

Dass Neugeborene schreien und dass kleine Kinder weinen, ist ganz normal. Es ist ihre Sprache, es ist für ihr Überleben wichtig. Sie fordern dadurch unter anderem die Bindung und die Nähe der Eltern. Manchmal haben sie einen nachvollziehbaren Grund: wenn sie Hunger haben, müde sind oder die Windel voll ist. Haben sie ein sicheres Bindungsgefühl zu ihren Eltern, weinen sie mehr, wenn sie von ihnen getrennt werden.

Das Gehirn von Babys ist noch nicht sehr weit entwickelt, das Stammhirn, also das Reptilienhirn, dominiert noch alles. Deshalb können sie erst einmal nur schreien, trinken und schlafen. Diese Phase dauert tatsächlich ungefähr drei Monate. Nach drei Monaten können Babys viel mehr, sie beruhigen sich schneller, schreien weniger und lassen sich schneller ablenken.

Würden Babys nicht schreien, würden Eltern vermutlich weniger mit ihnen unternehmen. Sie würden sie füttern, wickeln, in die Wiege legen – und sie sonst in Ruhe lassen, um den Frieden nicht zu stören. Aber die Natur hat vorgesehen, dass Babys eine Bindung zu den Eltern aufbauen – und das einzige Mittel, um diese einzufordern, ist die Stimme. Sie zwingt uns dazu, Säuglinge zu tragen, sie zu beobachten, kennenzulernen. Säuglinge sind nicht in der Lage, sich selbst zu steuern oder zu regulieren. Und sie können nicht differenziert kommunizieren und bekannt geben, was ihnen fehlt.

Was Eltern tun können

Klären Sie bei der Kinderärztin, ob es einen medizinischen Grund dafür gibt, dass Ihr Baby schreit. Vertrauen Sie ihren Aussagen. Wenn alles in Ordnung ist, gilt es, herauszufinden, womit sich Ihr Baby am besten beruhigt: Das kann Musik sein, das Geräusch eines Föhns oder ein Schnuller. Singen hilft oft. Was immer gut ist: Tragen Sie Ihr Baby, statt es im Kinderwagen zu schieben. Streicheln hilft.

Versuchen Sie, den Tag ruhig zu gestalten, ohne viele Geräusche und Aktivitäten.

Manche Babys reagieren auf nichts und schreien trotz aller Anstrengungen weiter. Jetzt ist es wichtig, dass Sie nicht verzweifeln. Probieren Sie *Beneficial-Thinking*-Methoden aus, finden Sie heraus, was Sie selbst entspannt. Wenn Sie gestresst sind, überträgt sich das auf Ihr Baby.

Was Eltern lassen können

Sie können Ihr Kind im Arm wiegen, aber auch wenn das nicht hilft, sollte aus dem Wiegen niemals ein ruppiges Schaukeln werden.

Vermeiden Sie Panik: Wenn Ihr Baby laut schreit, ist das ein Zeichen dafür, dass es viel Kraft hat. Lebensbedrohlich kranke Kinder können nicht laut schreien!

Das Schreien kann Eltern an die Grenzen ihrer Kraft bringen. In meiner Praxis höre ich dann von den verrücktesten Methoden, die irgendwo im Internet empfohlen werden. Oft bin ich erschrocken, weil manches davon sogar gefährlich werden kann: Lassen Sie keinesfalls Ihr Neugeborenes an der Wirbelsäule einrenken, um angebliche Blockaden zu lösen! Es ist außerdem sinnlos, wenn sich Mütter bestimmten Diäten unterwerfen, weil sie Angst haben, dass ihr Baby die Muttermilch nicht verträgt. Und häufig Tropfen oder Zäpfchen zu verabreichen, ist ebenfalls keine gute Idee.

Pflanzenheilkunde

Bewährt haben sich für die Eltern Kräutertees mit Kamille, Lindenblüten, Melisse oder Fenchel. Sie tragen zur Entspannung bei. Da viele Eltern in dieser Zeit am Rande ihrer Kräfte sind, ist es eine gute Idee, wenn sie eisenhaltige Nahrung zu sich nehmen. Das kann zum Beispiel ein Frühstück aus Haferflocken sein, die in Orangen- oder Apfelsaft aufgelöst werden. Darin ist viel Vitamin C enthalten.

Darüber hinaus werden gute Effekte durch die Massage des Rückens und Bauchs von Mutter und Kind mit Kümmel- oder Lavendelöl erzielt.

Eine Geschichte aus meiner Kindheit

Als kleines Mädchen musste ich immer wieder nach meiner kleinen Schwester schauen, die gerade ein paar Wochen alt war. Ich sollte besonders aufmerksam sein, wenn sie lange schlief und nicht weinte. Meine Mutter war ein wenig europäisch, sie legte uns nach der Geburt in eine Wiege. Die europäische Kultur hatte zu der Zeit Addis Abeba bereits beeinflusst. Meine Mutter sagte immer: »Schau doch mal schnell, ob sie noch atmet.« Wir waren immer erleichtert, wenn sie zu weinen begann – das war ein gutes Zeichen. Dann nahmen wir sie auf den Arm.

»Gott ist beleidigt, wenn wir sein Geschenk vernachlässigen«, erklärte meine Mutter. Bei Säuglingen, die nicht aufhörten zu schreien, waren damals die bösen Geister schuld.

BT-Tipp: *SADH*

Wenn Sie abgeklärt haben, dass Ihr Baby gesund ist, sollten Sie sich vor dem Stress schützen. Folgen Sie dabei der Strategie 1 (siehe Seite 62). Fangen Sie an, auf Ihre Atmung zu achten, wenn Ihr Baby anfängt zu schreien. Dadurch wird die Ausschüttung der Stresshormone begrenzt, die beginnt, wenn das Kind schreit.

Oft hilft ein Spaziergang mit Ihrer Tochter oder Ihrem Sohn im Tuch. In der Zeit kann der Partner schlafen oder selbst eine BT-Übung ausführen. Es ist sinnvoll, sich in der Betreuung abzuwechseln. Manche Mütter haben Angst, dass die Väter überfordert sind, wenn sie mit dem Baby alleine sind. Diese Befürchtungen sind unbegründet. Für das Baby ist die Bindung zum Vater genauso wichtig wie die zur Mutter. Umso wichtiger, dass beide Eltern gemeinsam und abwechselnd Zeit mit dem Baby verbringen.

In Äthiopien heißen sie »Buda«. Viele Äthiopier sind christlich, aber das hindert sie nicht daran, die traditionelle Spiritualität des Landes weiterzuleben.
»Der böse Geist hat das Baby gebissen«, hieß es in solchen Fällen. Es wurde dann mit Weihwasser beträufelt.
Niemand kam auf die Idee, an der Gesundheit des Babys zu zweifeln, niemand außer Buda war schuld. Es gab keine langen Gespräche, ob die Mutter oder der Vater etwas falsch machten. Und Buda, dieser schlimmste aller Geister, verlässt alle Babys, wenn sie drei Monate alt sind. So kam es, dass ich das Wort Schreibaby erstmals in Deutschland hörte.

Viele Kulturen betrachten das Schreien eines Kindes als gutes Zeichen. Wenn das Baby nicht schreien kann und ganz still ist, dann ist das für sie eher ein Zeichen für eine Erkrankung.

Gelbsucht bei Neugeborenen

Viele Babys werden in den ersten Tagen nach der Geburt gelb. Verantwortlich dafür ist der Stoff Bilirubin, ein Abfallprodukt der roten Blutkörperchen im Blut. Die Neugeborenen-Gelbsucht wird auch *Ikterus Neonatorum* genannt.

Neugeborene haben immer mehr rote Blutkörperchen als Erwachsene. Die Erklärung ist einfach: Das Ungeborene im Mutterleib atmet selber nicht und braucht deshalb mehr rote Blutkörperchen für den Sauerstofftransport.

»Mit ein bisschen Licht im Rahmen einer Fototherapie ist das Problem meist leicht zu lösen«

Diese Vielzahl an roten Blutkörperchen muss nach der Geburt wieder abgebaut werden. In der Regel ist die Menge an Bilirubin, die nach der Geburt anfällt, erhöht, aber nicht gefährlich hoch. Steigt die Konzentration der Substanz dennoch über eine gewisse Grenze an, kann das auf das Gehirn des Neugeborenen toxisch wirken. Ist ein Neugeborenes gelb, wird der Bilirubin-Wert im Blut bestimmt und engmaschig kontrolliert.

Wenn die Werte viel zu hoch sind, müssen Babys täglich mehrere Stunden unter einer Blaulichtlampe (Fototherapie) liegen. Das hilft dem Säugling, das Bilirubin schneller abzubauen.

Problematisch ist dieser Wert in der Regel nur in den ersten fünf bis sieben Tagen nach der Geburt. Obwohl eine Neugeborenen-Gelbsucht nahezu immer unproblematisch verläuft, kann sie unwissende junge Eltern verunsichern. Aber Sorgen sind unnötig.

Ich werde oft gefragt, ob eine Blaulichtbehandlung wirklich notwendig ist. Die Antwort ist: Ja! Das Sonnenlicht allein reicht nicht aus, um das Bilirubin abzubauen. Ist der Wert zu hoch, sollte immer eine Therapie erfolgen. Die Behandlung mit blauem Licht ist völlig harmlos, sie hat keine Nebenwirkungen, und der Bilirubin-Abbau erfolgt recht schnell.

Manchmal kann auch Stillen dafür sorgen, dass die Bilirubin-Werte höher bleiben und das Kind über mehrere Wochen gelb aussieht, das nennt man in der Fachsprache *Stillikterus*. Auch hier wird der Bilirubin-Wert kontrolliert. Solange er unter einer bestimmten Grenze liegt, muss nichts unternommen werden. Die Werte fallen automatisch mit der Zeit. Liegt er über der Grenze, wird die Kinderärztin eine Fototherapie verordnen.

Was Eltern tun können

Falls Ihr Baby Ihnen gelb vorkommt, fragen Sie Ihren Kinderarzt oder Ihre Hebamme nach einer Einschätzung. Ein Bluttest zeigt schnell, ob der Bilirubin-Wert zu hoch ist. Wenn der Säugling zudem nicht trinken will, auffällig schläfrig oder trinkfaul ist und erbricht, sollten Sie sofort einen Arzt konsultieren.

Erweist sich der Bilirubin-Wert bei der Messung als zu hoch, muss die Fototherapie erfolgen.

BT-Tipp: *SADH*

Obwohl die Neugeborenen-Gelbsucht oft keine Gefahr mehr bedeutet, ist die Tatsache, dass das Kind im Krankenhaus bleiben muss, unerfreulich. Für manche Eltern kommt das wie ein Schock. Der noch größer wird, wenn sie erfahren, dass es eine Fototherapie braucht.

In solchen Situationen helfen Atemübungen (siehe Seite 63), um die Stresshormonausschüttung in Grenzen zu halten. Ihr Kind braucht Sie. Was es nicht benötigt, ist mit Stresshormonen belastete Muttermilch. Machen Sie sich das klar. Lächeln Sie: In ein paar Tagen sind Sie mit Ihrem Kind zu Hause. Überlegen Sie schon einmal, was Sie am ersten Tag machen wollen, wenn Sie zu Hause mit Ihrem Baby ankommen.

Was Eltern lassen können

Es ist nicht sinnvoll, das Baby häufiger oder weniger zu stillen oder den Rhythmus zu ändern. Das hat keinen entscheidenden Einfluss auf die Bilirubin-Werte.

Keine gute Idee ist es, das Baby in die Sonne zu halten, um eine Fototherapie zu umgehen. Der Bilirubin-Wert könnte zwar leicht abfallen, aber dafür müsste Ihr Baby nackt in der Sonne liegen – und das gilt es bei Neugeborenen zu vermeiden. Sie sind viel zu empfindlich, als dass sie ungeschützt der Sonne ausgesetzt werden sollten.

Wenn der Bilirubin-Wert abgefallen ist, brauchen Sie keine weitere Blutabnahme mehr. Jeder Piks, den Sie Ihrem Kind ersparen können, zählt.

Sorgen sind unnötig: Der Körper Ihres Neugeborenen ist dann in der Lage, alles wieder in Ordnung zu bringen. Lassen Sie entspannt die Selbstheilungskräfte wirken.

Spucken bei Neugeborenen

Spucken ist ein ganz normaler Vorgang – der Eltern aber oft zur Verzweiflung bringt. Babys spucken Milch, oft ist sie bereits verdaut und säurereich. In der Fachsprache reden wir vom *gastroösophagealen Reflux*.

»Speikinder sind Gedeihkinder«

Wie kommt es dazu? Jeder Mensch hat am unteren Ende der Speiseröhre, am Eingang zum Magen, kleine Schließmuskeln, die verhindern, dass geschluckte Nahrung wieder hochkommt. Da dieser Schutzmechanismus bei Babys noch nicht ganz entwickelt ist, kann Nahrung, besonders flüssige, leicht wieder hochkommen.

Viele Eltern machen sich große Sorgen, weil sie glauben, dass ihr Kind durch die Spuckerei nicht genug zu sich nimmt und unterernährt sein könnte. Manche Babys spucken so viel heraus, dass Eltern sich nicht vorstellen können, dass sie nichts tun müssen, außer zu warten, bis das Kind älter wird und die Schließmuskeln dicht sind.

Aber solange Babys gut zunehmen, müssen Eltern nichts unternehmen. In der Regel verschwindet das Spucken, sobald die Säuglinge Brei oder feste Nahrung zu sich nehmen. Wenn das Neugeborene auch dann noch anhaltend spuckt und gleichzeitig das Gewicht stagniert, sollten Sie Ihre Kinderärztin aufsuchen.

Was Eltern tun können

Oft ist es hilfreich, wenn Sie das Baby vom Oberkörper aufwärts höher lagern, vor allem nach den Mahlzeiten. Manchmal trinken Säuglinge zu schnell zu viel. Dann ist es sinnvoll, die Stillzeiten zu verkürzen – oder häufiger kleine Milchmengen anzubieten. Beim Trinken sollten Pausen eingelegt werden. Und wenn das Kind ein Bäuerchen macht, ist das prima.

Wenn das Spucken allerdings krankhafte Maße annimmt, das Kind also umgehend alles wieder ausspuckt, was es zu sich nimmt, schlapp wird, gar nichts mehr trinken will und dadurch rasch an Gewicht abnimmt, sollten Sie das bei Ihrer Kinderärztin abklären.

Was Eltern lassen können

Das Wichtigste zuerst: Speikinder brauchen keine Medikamente, und die Nahrung, die das Kind ausspuckt, braucht nicht ersetzt zu werden.

Manchmal wollen Eltern die Muttermilch anreichern – aber das ist nicht nötig. Wenn Kinder viel spucken kann man nicht viel machen. Warten Sie ab, seien Sie geduldig. Irgendwann kann Ihr Kind festere Nahrung zu sich nehmen, dann verschwindet das Problem meist schnell.

Röcheln und Schnarchen in den ersten Monaten

Babys können so laut schnarchen und grunzen, dass junge Eltern häufig beunruhigt sind. Hört man das Geräusch zum ersten Mal, möchte man nicht glauben, dass es aus dem eigenen Kind kommt. Es ist ein gurgelndes, grunzendes Geräusch, manchmal laut und im ersten Moment alarmierend, aber kein Grund zur Besorgnis. Babys haben in diesem Alter keine Nasennebenhöhlen – von dort kann das Röcheln also nicht kommen. Es hängt vielmehr mit angesammelter Spucke und Milchresten im hinteren Rachenraum zusammen.

»Es ist ein gurgelndes, grunzendes Geräusch und klingt alarmierend, aber es besteht in der Regel kein Grund zur Sorge«

Was Eltern tun können

Wenn klar ist, dass das Kind gesund ist, können Eltern in der Apotheke kochsalzhaltige Nasentropfen für Neugeborene kaufen und damit die Nasenschleimhaut spülen. Wenn die Nase frei ist, niesen Babys oft den angesammelten Nasenschleim heraus und atmen anschließend viel ruhiger.

Was Eltern lassen können

Sie brauchen keine Angst zu haben: Die Babys röcheln zwar, sind aber nicht krank.

BT-Tipp: *Denkpause, Tunnelfahrt*

Eltern sind sehr hellhörig und werden wegen der Geräusche ihres Babys schnell wach. Aber es besteht keine Gefahr für Ihr Kind. Damit Sie am nächsten Tag wieder fit sind und für Ihr Baby da sein können, sollten Sie versuchen, schnell wieder einzuschlafen. Die Tunnelübung (siehe Seite 72) kann dabei helfen.

Niesen und Schluckauf

Auch ständiges Niesen und Schluckauf sind typisch für Neugeborene. Eltern glauben dann, ihr Kind sei erkältet. Dabei handelt es sich aber um einen starken angeborenen Reflex, der nach wenigen Wochen verschwindet. Hier muss nichts unternommen werden.

Blähungen

Es ist beeindruckend, wie laut kleine Babys verdauen können. Eltern sind oft überrascht, dass ihr Baby so laut und so lange pupsen kann. Tatsächlich haben Babys eine relativ lebhafte Darmbewegung. Das hat damit zu tun, dass der Darm noch gar nicht richtig benutzt wurde.

Der erste Stuhl, den Neugeborene absetzen, das *Mekonium,* ist dunkelgrün bis schwarz und klebrig (daher auch Kindspech genannt). Im Laufe der ersten Wochen stabilisiert sich die Darmflora und der Darm lernt, Nahrung aufzunehmen.

Und weil das ein Prozess mit verschiedenen Stationen ist, kann es sein, dass Ihr Baby auch mal flüssigen oder gar spritzenden Stuhlgang hat und oft einen geblähten Bauch. Nicht selten ist Verdauung richtige Arbeit für ein Neugeborenes – und sie scheint auch wehzutun.

Vor dem Pupsen kann es sein, dass Babys das Gesicht verziehen, die Beinchen hochziehen und schreien. Es ist nicht selten so, dass Luftblasen auf dem Weg in die Außenwelt blockiert sind. Da die Babys viel schreien und dabei viel Luft schlucken, wirkt der Bauch dabei dann gebläht. Eltern sind deswegen oft besorgt. Wer bei Google »Was tun, wenn das Baby pupst« eingibt, erhält auf Anhieb 77 000 Einträge! Woher sollen Eltern wissen, was davon richtig und was falsch ist?

»Verdauung ist für ein Neugeborenes eben richtige Arbeit«

Was Eltern tun können

Finden Sie heraus, was dem Baby am besten gefällt und was es beruhigt. Zum Beispiel hilft eine liebevolle Bauchmassage mit Babyöl in den meisten Fällen gut. Manchmal besteht ein direkter Zusammenhang mit gewissen Nahrungsmitteln, die die stillende Mutter zu sich nimmt, wie zum Beispiel Zwiebelsuppe. Diese sollten dann zurückhaltend konsumiert werden, bis das Kind auf Brei umgestellt wurde.

Wenn das Baby nicht schreit, müssen Sie nichts unternehmen, der Darm beruhigt sich stets von selbst.

Was Eltern lassen können

Versuchen Sie, Medikamente möglichst zu vermeiden. Es gibt zwar eine große Auswahl an Tropfen und Zäpfchen, aber normalerweise braucht man sie nicht.

Pflanzenheilkunde

Bei ausgeprägten Blähungen können Kräutertees für die stillende Mutter Linderung verschaffen. Sie können Teemischungen aus folgende Kräutern besorgen: Fenchel, Kamillenblüten, Ringelblumenblüten, Malvenblüten, Kümmelsamen oder -tropfen. Auch eine Bauchmassage mit Kümmelöl kann bei Blähungen helfen.

BT-Tipp: *Ein rettender Gedanke*

Auch wenn es anfänglich schwer ist, nehmen Sie das schreiende Baby auf den Arm und denken Sie an Ihren persönlichen Rettungsgedanken. Massieren Sie das Bäuchlein und lenken Sie sich ab von dem Gedanken, dass das Baby leidet. Sie wissen, dass die Situation anstrengend ist, aber nicht gefährlich. Das Baby braucht jetzt eine sichere und ruhige Hand, die es hält. Denken Sie zum Beispiel an Ihren letzten schönen Urlaub (siehe Seite 66).

ERNÄHRUNG IN DEN ERSTEN MONATEN UND WIE SIE PRÄGT

Hunger und Durst

Alle Babys werden mit einem gesunden Gefühl für Hunger und Durst geboren. Diese simplen und zuverlässigen Zeichen für den Bedarf werden aber schon bald durch verschiedene Faktoren unbewusst manipuliert.

Auf einmal gibt es Essenszeiten und Essensmengen. Es gibt individuelle Essgewohnheiten innerhalb der Familie und passend zur jeweiligen Kultur. Dazu kommt Nahrung zur Beruhigung oder als Belohnung. Für Kinder ist das Essen in erster Linie eine Nahrungsaufnahme und hat bei Weitem nicht den Stellenwert, den Erwachsene ihm beimessen.

»Für Kinder hat das Essen bei Weitem nicht den Stellenwert, den Erwachsene ihm beimessen«

Bei uns Erwachsenen sind Hunger und Durst nicht mehr die alleinigen Gründe, warum wir essen. Wir essen, weil wir uns verabredet haben, weil uns langweilig ist, weil wir dazu animiert werden. Und wir trinken sicherlich nicht nur, weil wir Durst haben, sondern weil uns verschiedene Getränke einfach gut schmecken oder zu einer Situation kulturell dazugehören. So halten wir es auch mit unseren Kindern.

Eine Apfelschorle hier und einen Orangensaft da. Wir füttern sie, obwohl sie keinen Hunger haben, nur weil gerade Essenszeit ist oder es gut in den Plan passt. Wir zwingen sie, den Teller aufzuessen, obwohl sie die Menge gar nicht bestellt haben und auch gar nicht wissen, nach wie vielen Löffeln oder Gabeln sie satt sind.

Gern werden sie dann auch noch für das schlechte Wetter am kommenden Tag verantwortlich gemacht.

Geschmack, Evolution und Prägung

Heute wissen wir, dass der Fötus bereits im Mutterleib die sich ständig ändernde Geschmacks- und Geruchswelt der Mutter erlebt. Ab der zwölften Woche trinkt er das Fruchtwasser. Der Geschmack des Fruchtwassers hängt auch davon ab, was die Mutter isst und welchen Geruch sie häufig riecht, zum Beispiel kann auch das Parfum vom Baby wahrgenommen werden.

»Fremde Nahrung hat mitunter sogar etwas Bedrohliches – diese Einstellung ist evolutionär tief in den Menschen verankert«

Diese frühe Erfahrung kann die Geschmacksvorlieben des Kindes prägen. Ein Grund, warum Kinder oft das Essen der Erwachsenen viel lieber haben möchten als die Kleinkind- oder Babynahrung. Die meisten Kinder essen übrigens gern das, was sie schon kennen. Unbewusst schützen sie sich so vor gefährlichen Nahrungsmitteln. Fremde Nahrung könnte schädlich wirken und hat deshalb mitunter sogar etwas Bedrohliches.

Diese Einstellung ist evolutionär tief in uns Menschen

verankert und bei Kindern sehr ausgeprägt. Allerdings hat die Evolution der Menschheit ebenfalls beigebracht, dass eine Veränderung auch Vorteile mit sich bringen kann. Dass zum Beispiel neue Nahrung auch wichtige neue Mineralien und Nährstoffe enthalten kann.

Deshalb kann es passieren, dass plötzlich ein Wechsel bei den Kindern stattfindet: Das Essen, was sie bisher liebten, mögen sie von einem Tag auf den anderen nicht mehr. »Ich verstehe das nicht, Kartoffel mit Zucchini hat Felix so gerne gegessen, auf einmal will er das noch nicht mal mehr riechen«, erzählte mir Angela, Mutter eines acht Monate alten Jungen. Das ist jedoch nichts Ungewöhnliches und auch kein Grund zur Sorge.

Süßprägung und die Entwicklung der Geschmacksrichtungen

Dass kleine Kinder Süßigkeiten lieben, ist weltweit bekannt und nicht neu. Selbst Neugeborene haben eine eindeutige Süßpräferenz, wenig später kommen salzig und herzhaft dazu. Wenn etwas süß schmeckt, dann signalisiert das: Hier sind wahrscheinlich wichtige Nahrungselemente drin, wie Eiweiß, Mineralstoffe und Energie.

»Geschmack hat vor allem mit Gewohnheit zu tun«

Bitter und sauer hingegen signalisieren: Vorsicht! Es ruft selbst bei Erwachsenen noch Assoziationen mit giftigen Substanzen und verdorbenen Lebensmitteln hervor. Es wird vermutet, dass die Evolution den Geschmack der Menschen in eine Richtung verändert hat, die sich am ehesten so beschreiben lässt: Alles andere als süß könnte giftig sein und sollte vermieden werden.

So sieht man, wie die Augen von Neugeborenen vor Freude strahlen und ihre Gesichtsmuskeln sich entspannen, wenn sie etwas Süßes auf die Zunge geträufelt bekommen. Wenn sie hingegen bittere oder säuerliche Stoffe schmecken, verhalten sie sich ganz anders; sie ziehen Grimassen und würgen manchmal sogar.

Erst ab dem dritten Monat fangen Babys an, sich für andere Geschmacksrichtungen zu interessieren. Ab diesem Moment werden die Geschmäcke sehr verschieden. Die Entwicklung unserer Geschmacksneigungen hat viel mit unserer Kultur und Gewohnheit zu tun.

Was schmeckt und was nicht, lernen Kinder in der Regel zu Hause. So wird ein sieben Jahre alter indischer Junge, der vegetarisch ernährt wurde, in der Schule nicht einfach ein Gericht mit Fleisch essen können. Daher bringen viele Kinder auch das Essen, das sie gewohnt sind, mit zur Schule. Selbst wenn sie wollten, würde es ihnen schwerfallen, etwas zu essen, das sie nicht kennen. Unbewusst sagt ihnen ihr Gehirn, dass das giftig sein könnte.

Aus diesem Grund wehren sich Kinder auch heftig, wenn sie ungewohnte Nahrung zu sich nehmen sollen. Eltern sollten dafür Verständnis haben, aber nicht müde werden, dem Kind immer wieder spielerisch unterschiedliche Nahrungsmittel anzubieten. Irgendwann probieren sie doch – manche Kinder sind dabei schnell, andere brauchen Zeit.

Stillen

Kaum ein Thema zerrt am Mutterherz so sehr wie das Thema Stillen.

Es geht schon vor der Geburt los mit der Frage: »Ob es wohl klappt?« Und wenn nicht – was dann?

Oder aber auch: »Will ich überhaupt stillen? Ist Fläschchen geben nicht besser für uns alle?«

In Ländern, in denen es nicht ausreichend Nahrung gibt – und das ist in vielen Ländern dieser Welt so –, werden Säuglinge ausschließlich gestillt. Es ist die einzige Überlebenschance, die diese Kinder haben.

»Stillen ist unbedingt zu empfehlen – aber am Ende haben alle Babys die gleichen Voraussetzungen, gesunde, intelligente und glückliche Kinder zu werden«

Doch trotz dieser Dringlichkeit beschäftigen sich Mütter in diesen Ländern nicht in dem Ausmaß mit dem Stillen wie hier in der westlichen Welt.

Es ist ganz selbstverständlich. Es wird nicht hinterfragt und es klappt ohne Vorbereitungskurse oder Stillberatung.

Aber die meisten Mütter in armen Ländern wissen – oder hören es von ihren Müttern, Nachbarinnen und Freundinnen –, dass es manchmal dauert, bisweilen vier bis sechs Wochen, bis es gut klappt und die Milch fließt.

Anders bei uns: Wenn hierzulande das Stillen nach der Geburt nicht relativ schnell klappt, wachsen der Stress der Mutter und die Anspannung der Umgebung.

Dann wird das Baby unruhig und schreit viel, was die Mutter noch nervöser macht – und noch weniger Milch kommt aus der Brust.

Mütter, die gerne stillen möchten und nicht können, sind oft sehr traurig und gestresst. Viele von ihnen sind von einem unglaublich schlechten Gewissen geplagt. Sie glauben, dass sie nicht »Mutter genug« sind, um ihr Baby zu ernähren. Stress trifft diese Frauen aber auch oft noch von außen. Dann heißt es: »Klappt es immer noch nicht?« Oder: »Wie, du stillst nicht?« Danach folgen gut gemeinte oder weniger gut gemeinte Tipps, als hätten diese Mütter nicht schon alles ausprobiert. Aber: Stillen ist keine persönliche Leistung, sondern ein Geschenk der Natur.

Muttermilch ist und bleibt zwar die beste Nahrung für das Neugeborene. Stillen ist sehr wichtig, und ich kann nicht oft genug betonen, dass jede Frau, die es schafft und kann, ihr Baby stillen sollte. Manchmal braucht es dazu auch eine Stillberatung.

Wenn das Stillen aber trotz aller Anstrengungen nicht möglich sein sollte und Ihr Neugeborenes nicht an Gewicht zunimmt, dann ist die Ersatznahrung eine gute und empfehlenswerte Alternative. Sie sind und bleiben dennoch eine tolle Mutter!

Mütter erfahren fast immer viel Kritik, wenn sie nicht stillen. Doch das ist falsch, denn es gibt viele Gründe, weshalb manche Frauen sich gegen das Stillen entscheiden.

Häufig ist die Muttermilch einfach unzureichend vorhanden. Bei diversen Krankheiten müssen bestimmte Arzneimittel eingenommen werden, diese Medikamente sind lebenswichtig für die Mutter, können aber dem Baby schaden. In solchen Fällen wird eine Ersatznahrung empfohlen.

Andere Mütter leiden unter chronischen Infektionskrankheiten, bei denen Krankheitserreger über die Muttermilch übertragen werden können. Auch hier ist das Stillen nicht empfehlenswert. In ganz seltenen Fällen verträgt das

Baby die Muttermilch einfach nicht und reagiert darauf mit blutigen Durchfällen. Dann muss das Baby mit spezieller Nahrung gefüttert werden.

Entscheidend ist: Ob das Kind voll, nur teilweise oder gar nicht gestillt wird – alle Kinder haben im Grunde die gleichen Voraussetzungen, gesund, glücklich und intelligent aufzuwachsen.

Muttermilch kaufen?

Heute gibt es in manchen Städten in Anlehnung an die damaligen Stillammen Milchbörsen. Man kann inzwischen sogar im Internet Muttermilch bestellen. Eigentlich eine schöne Idee, aber das Problem bei der gekauften Muttermilch ist, dass nicht untersucht werden kann, ob sie keimfrei ist. Krankheiten wie HIV und Hepatitis B können über die Muttermilch übertragen werden. Insofern sollte eine Mutter, die selbst nicht stillen kann, ihrem Baby keine fremde Muttermilch geben, sondern lieber zur Pulvermilch greifen.

Muss ich denn wirklich auf so viel verzichten, wenn ich stille?

Schädlich sind Drogen und Medikamente. Wer unbedingt rauchen muss, sollte das Stillen lassen, denn Nikotin ist sehr schädlich für Neugeborene. Alkohol ebenfalls. Er erreicht die

Muttermilch zwischen dreißig Minuten und drei Stunden nach dem Genuss – wenn man viel Alkohol trinkt, kann er auch nach vielen Stunden noch in die Muttermilch gelangen. In der Zeit, in der das Baby ausschließlich gestillt wird, sollte also überhaupt kein Alkohol getrunken werden.

Ansonsten sollten Mütter das essen, worauf sie Lust haben. Eine besondere Diät, um eventuelle Allergien zu vermeiden, bringt nichts. Die Ernährung der Mutter hat keinen Einfluss auf die Allergieentwicklung des Kindes. Auch ein Kaffee zum Aufwachen am Morgen schadet keinem Baby.

»Ein Kaffee zum Aufwachen am Morgen schadet keinem Baby«

Pulvermilch-Nahrung

Die Pulvermilch-Nahrung ist nicht nur zu einer guten, sondern auch zu einer sehr gesunden Alternative für viele Frauen geworden, die ihre Kinder nicht stillen können.

Die Anfangsmilch, besser bekannt als Pre-Milch, ist im Energie- und Nährstoffgehalt der Muttermilch angeglichen. Das, was fehlt, sind die natürlichen Abwehrstoffe. Auch besteht die Gefahr der Kontamination, also der Verunreinigung durch schmutziges Wasser, Keime oder sonstige Schadstoffe.

»Wenn das Baby die Pre-Milch gut verträgt, muss nicht zwingend auf Folgemilch umgestellt werden«

Aus diesem Grund wird empfohlen, das Wasser zur Zubereitung vorher zu kochen und auch die Milchflaschen nach jeder Mahlzeit gründlich und heiß auszuspülen. Angetrunkene Flaschen sollten nicht noch einmal verwendet werden!

Die Folgemilch ist genauso zusammengesetzt wie die Pre-

Milch – mit einem kleinen Unterschied: Sie enthält mehr Stärke aus Kohlenhydraten und führt zu einem stärkeren Sättigungsgefühl. Allerdings ist auch die Pre-Milch eine vollständige Nahrung, und wenn das Baby sie gut verträgt, muss nicht zwingend auf die Folgemilch umgestellt werden.

Ein Baby kann ohne Weiteres die ersten vier bis sechs Monate, also bis zur Einführung der Beikost, vollständig und ausreichend mit der Pre-Milch ernährt werden. Darüber hinaus kann die Pre-Milch bis zum Ende des ersten Lebensjahres ergänzend zur Beikost gegeben werden.

Bei der Pulvermilch-Nahrung gilt übrigens keinesfalls: je mehr, desto besser. Wenn Eltern mit der Pulvermenge ein oder zwei Löffel mehr als empfohlen in die Flasche rühren, führt das eventuell zu Verstopfungen und Bauchschmerzen. Das bedeutet, dass das Kind mehr schreit als vorher und dazu auch noch über die Zeit schneller an Gewicht zunimmt, ohne dabei aber schneller zu wachsen. Und: Es schläft auch nicht besser, weil es vermeintlich satter ist.

Warum nimmt mein Baby nicht zu?

Das Gewicht eines Neugeborenen steigt in den ersten Monaten rasant und stetig an. Wenn ein Baby auffallend wenig zunimmt, ist das in der Regel ein Zeichen für Mangelernährung, es kann aber auch krankheitsbedingt sein. Deshalb sollte der Kinderarzt auf jeden Fall aufgesucht werden.

Ein Neugeborenes kann in den ersten 14 Tagen seines Lebens bis zu zehn Prozent seines Geburtsgewichtes verlieren. Das ist normal. Die Gewichtszunahme danach schwankt stark. Bis zum sechsten Lebensmonat wiegen die Babys doppelt so viel wie bei der Geburt. Wenn sie ein Jahr alt sind, haben die meisten Kinder ihr Geburtsgewicht verdreifacht.

Wenn Babys zu wenig Nahrung bekommen, schreien sie und nehmen nur wenig oder gar nicht zu. Es gibt aber auch Babys, die gar nicht schreien und einfach weiter abnehmen. Das passiert häufig am Anfang der Stillzeit, wenn die Brustmilchproduktion noch nicht gut funktioniert oder das Baby nicht richtig saugt. An diesem Punkt kann die Unterstützung durch eine Hebamme oder eine Stillberaterin hilfreich sein.

»Jedes Neugeborene ist ein Individuum – und geht eigene Wege in der Entwicklung, auch beim Trinken und Gedeihen«

Wenn Sie das Gefühl haben, dass Ihr Baby nicht genügend zunimmt, sprechen Sie mit Ihrer Hebamme oder Ihrer Kinderärztin. Tatsächlich gibt es immer wieder Babys, die trinken und zufrieden wirken, aber nicht zunehmen – das liegt dann meist daran, dass die Muttermilch nicht ausreicht oder, ganz selten, dass das Baby einfach schon zu früh satt ist.

Obwohl viele sich das nicht vorstellen können: Nicht jede Frau schafft es, genug Milch zu produzieren. Ein Grund dafür kann sein, dass die Milchgänge gestaut sind – was zu einer Brustentzündung führen kann.

Es gibt auch Babys mit einer schwachen Mundkoordination oder Saugmotorik.

Manche Babys haben keinen guten Saugreflex, auch dann funktioniert das Stillen nur mühsam bis gar nicht. Sie können in so einem Fall versuchen, die Milch abzupumpen oder die Brüste mit beiden Händen auszustreichen. Das bedeutet, Sie pressen die Milch mit beiden Händen aus der Brust.

Oft haben Frauen auch Entzündungen in den Brustwarzen, was das Stillen ebenfalls unmöglich macht. Gelegentlich bekommen Babys ganz früh Zähne und beißen dann die Brustwarze auf – das ist eine Tortur, die sich keine Mutter antun muss! All diese Probleme können beim Baby zu einer unzureichenden Aufnahme von Muttermilch führen.

Eine Geschichte aus der Praxis

Josephine kommt pünktlich am errechneten Termin mit einem Geburtsgewicht von 3,2 Kilogramm zur Welt. Die ersten Tage verlaufen ruhig, aber bald sind Josephines Eltern besorgt, weil sie viel schläft und nicht zunehmen will. Wenn die Eltern sie nicht wecken, schläft Josephine teilweise sechs Stunden am Stück.

Dann fängt sie an abzunehmen und trinkt auch relativ wenig, weshalb den Eltern empfohlen wird, ihr am fünften Tag die Flasche zu geben. Aber die Flasche interessiert Josephine ebenfalls wenig, sie schläft und schläft. Zwischendurch wird sie kurz wach, trinkt die Brust leer und schläft weiter.

Als Josephines Eltern, Christina und Jan, mit ihrem Baby vor mir sitzen, sind sie sichtlich gestresst. Christina erzählt: »Ich versuche, alles richtig zu machen, aber Josephine macht einfach nicht mit. Ich versuche, sie alle drei Stunden zu wecken, wie mir empfohlen wurde, aber Josephine will nicht wach werden oder sie schläft schnell wieder ein. Wenn ich versuche, sie länger zu stillen, schreit sie und dreht den Kopf weg, spuckt und will nicht mehr trinken. Inzwischen bin ich vollkommen fertig mit den Nerven. Ich pumpe die Milch nach jeder Mahlzeit ab, aber sie verweigert auch die Flasche. Irgendwie klappt das alles nicht.«

Als Erstes untersuche ich die kleine Josephine, ich finde keine wesentlichen Auffälligkeiten oder Krankheitszeichen.

Sie ist genau dreizehn Tage alt, also darf sie bis zu zehn Prozent vom Geburtsgewicht abgenommen haben. Sie wiegt 3010 Gramm, hat also weniger als zehn Prozent abgenommen.

Josephine ist ein ganz gesundes Baby, das nur seine berechtigte Ruhe haben will. Sie ist nicht krank, und sie hat keine Ernährungsprobleme, sie ist mit der Welt zufrieden und will nur gerne schlafen.

Ich erkläre Josephines Eltern, dass ihre Tochter kerngesund ist und dass sie ihr natürliches Hunger- und Sättigungsgefühl wirken lassen sollen. Außerdem bitte ich sie, in den nächsten zwei Wochen besonders viel Zeit mit Josephine zu verbringen, sie genau anzuschauen, zu beobachten und kennenzulernen. Sie sollen ihren Schwerpunkt von Nahrung auf Bindung umzustellen. So wird das Thema weniger stressig.

Die Eltern von Josephine sind erleichtert, dass ihre Tochter gesund ist. Zwei Wochen später, bei der U3-Vorsorge, hat sie bereits ordentlich an Gewicht zugenommen, und wir müssen über das Stillen nie wieder reden.

Manche Babys brauchen Zeit, bis sie zunehmen und gedeihen. Gesunde Kinder verhungern nicht freiwillig – sie gehen nur manchmal individuelle Wege in ihrer Entwicklung.

Was Eltern tun können

Um gut stillen zu können, muss das Mittelhirn Ruhe finden. Es ist sehr wichtig, dass die Amygdala nicht ständig das »Kämpfen oder Fliehen«-Gefühl verbreitet. Ob Sie stillen oder die Flasche geben wollen – lassen Sie sich nicht aus der Ruhe bringen. Gesunde Babys verhungern nicht. Sie schreien lauter, als Sie sich jemals vorstellen können, wenn sie richtig Hunger bekommen.

Es kann aber sein, dass die Babys sich selber an das neue Leben gewöhnen und ihre Kraft noch sammeln müssen. Spätestens ab zwei Wochen kommt dann die Stimme – so lange sollten Sie dem Baby Zeit geben.

Vertrauen Sie auf das natürliche Durst- und Hungergefühl Ihres Kindes. Wenn das Stillen gar nicht klappt, versuchen Sie, Rat bei einer erfahrenen Stillberaterin zu holen, diese haben in der Regel gute und nützliche Tipps. Wenn Sie feststellen, dass Sie keine Muttermilch haben oder das Stillen trotz Beratung und Mühe nicht klappt, geben Sie die Pulvernahrung ohne schlechtes Gewissen. Sie haben nichts falsch gemacht! Wie bei der Brust müssen Sie sich auch bei der Flasche nicht an genaue Uhrzeiten halten. Die Trinkroutine kommt automatisch mit der Zeit.

Was Eltern lassen können

Stellen Sie bitte keinen Wecker für feste Fütterzeiten.

Stressen Sie sich nicht mit Sondergetränken oder Sondernahrung. Essen Sie das, wozu Sie Lust haben, und trinken Sie ausreichend. Vermeiden Sie in der Stillzeit allerdings Alkohol und Zigaretten.

Stillen Sie nur, solange das Baby trinkt. Die Dauer bestimmt die Menge und Qualität der Milch nicht. Manche Babys saugen schnell und sind in fünf Minuten fertig, andere brauchen zwanzig Minuten. Länger als eine halbe Stunde an einer Brust zu stillen, bringt keine Vorteile für das Baby.

Wecken Sie Ihr Baby nachts nicht zum Stillen – es sei denn, es ist krank. Gesunde Babys verhungern und verdursten nicht über Nacht. Wenn Ihr Baby nachts Hunger bekommt, wird es sich melden.

Sie müssen Ihr Baby nicht täglich wiegen.

Vergleichen Sie Ihr Baby nicht mit anderen Babys. Menschen sind nun einmal individuell – ich habe viele kräftige und große Babys gesehen, die in der Pubertät klein geblieben sind. Umgekehrt habe ich schmale und kleine Babys gesehen, die später in die Höhe geschossen sind.

Überfüttern Sie Ihr Baby nicht: Wissenschaftliche Studien zeigen, dass extremes Übergewicht und Überfütterung im ersten Lebensjahr ein großes Risiko ist für die Entwicklung einer Adipositas. Es ist besser, wenn Kinder nur so viel zu trinken bekommen, wie sie auch tatsächlich brauchen.

Pflanzenheilkunde

Wenn Mütter Stress empfinden, kann sich das negativ auf das Stillen auswirken.

Mütter sollten daher versuchen, ihren Stress zu reduzieren, und gleichzeitig ausreichend viel trinken.

Als Beruhigungstees sind Kamille, Melisse, Hopfen, Lindenblüte zu empfehlen.

Bewährte Tees, um die Milchbildung anzuregen, sind Anis, Fenchel, Kümmel, Majoran.

BT-Tipp: *Denkpause, ein rettender Gedanke, Fantasieren*

Indem Sie die Sorge um das Stillen mit einem anderen Gedanken ersetzen und gleichzeitig eine Denkpause machen, verhindern Sie, dass vermehrt Stresshormone ausgeschüttet werden (siehe Seite 71).

Suchen Sie sich zum Fantasieren eine schöne Erinnerung oder einen tollen Film aus, oder träumen Sie von etwas, was Ihnen Freude bereitet.

Wenn Sie merken, dass Sie unruhig werden, weil das Baby immer noch schläft, fangen Sie mit Ihrem Film an. Schieben Sie die Erinnerungen wie eine DVD in Ihr Gehirn hinein. Sie fantasieren Bild für Bild, und vertiefen sich in eine Art Wachtraum. Sie können dabei leise singen, vielleicht ein Lieblingslied aus Ihrer Kindheit. Sie werden bald merken, dass das Gefühl der Nervosität nachlässt. Ihre Muskeln und Ihr ganzer Körper entspannen sich.

Fangen Sie mit zehn Minuten an, später können Sie die Zeit auch auf 20 Minuten verlängern.

Die schönen Gedanken helfen Ihnen, dem Sorgensog zu entkommen. Gleichzeitig stabilisieren Sie Ihren Stresswiderstand. Versuchen Sie, die Übung regelmäßig zu wiederholen, wenn möglich täglich.

ERNÄHRUNG NACH DEN ERSTEN MONATEN

Eine Geschichte aus der Praxis

Jutta freut sich schon lange darauf, endlich für ihr Kind kochen zu dürfen. Die Milch- und Breizeit klingt bei ihrer fünf Monate alten Tochter Luzie langsam ab. Sie will alles richtig machen und spaziert fröhlich zum Supermarkt, um frisches Gemüse zu kaufen.

Auf dem Weg trifft sie Marion, deren Tochter im gleichen Alter ist. »Du kannst die Karotten doch nicht im Supermarkt kaufen«, sagt Marion. »Und überhaupt, ich würde mir das genau überlegen mit dem Selberkochen. Ich füttere nur Gläschen, da wird alles kontrolliert. Beim Gemüse aus dem Supermarkt weißt du doch gar nicht, ob der Boden, auf dem die Karotten wachsen, nicht mit Nitrit verseucht ist. Also ich würde das nicht riskieren!«

Marion erzählt so überzeugend von allen Nachteilen des Selbstkochens, dass Jutta ins Zweifeln kommt. Verunsichert und ein wenig ängstlich geht sie in den Drogeriemarkt und erwirbt Gläschen mit Babynahrung. Sie fährt nach Hause, wärmt eines auf und versucht Luzie zu füttern. Doch die spuckt alles wieder aus. Jutta ist ratlos. Was jetzt? Soll sie jetzt wieder stillen oder die Flasche geben?

Sie beginnt im Internet zu suchen und findet viele, viele Ratschläge.

Sie soll unbedingt bis zum vollendeten sechsten Monat stillen.

Sie soll genau das auf keinen Fall tun.

Sie soll dem Kind einfach das pürieren, was sie selbst esse.

Natürlich sind auch alle möglichen Warnhinweise zur frühen Allergiebildung dabei. Die Einträge zum Thema Nitrit im Boden helfen auch nicht weiter, denn sie reichen von Hysterie bis zur Frage: Was ist denn Nitrit? Einen Termin bei der Kinderärztin zur Ernährungsberatung gibt es erst in zwei Wochen. Jutta ist nun noch gestresster.

Was soll mein Baby essen?

Schon ab dem dritten Monat beginnen Babys, sich für andere Geschmacksrichtungen zu interessieren. Sie schauen ihren Eltern beim Essen zu, probieren gern und sind neugierig. Die Mundmotorik und die Schluckfunktionen sind in diesem Alter bereits herangereift, was es dem Baby ermöglicht, feste Nahrung zu sich zu nehmen.

»Beginnen Sie ab dem vollendeten vierten Monat mit einer Mischkost aus Gemüse-Kartoffel-Fleischbrei einmal am Tag«

Aber die Umstellung von Milch auf feste Nahrung ist fließend und kann länger dauern. Oft werden die Babys noch gestillt oder bekommen die Flaschennahrung, während sie sich umgewöhnen.

Was darf das Baby denn nun essen?
Lange herrschte die Meinung vor, dass Babys, die zu früh mit verschiedenen Nahrungsmitteln gefüttert werden, eher

zu Allergien neigen als andere. Es wurde empfohlen, mindestens bis zum sechsten Monat ausschließlich zu stillen und anschließend Woche für Woche eine neue Gemüse- oder Obstsorte einzuführen.

Begonnen wurde stets mit Karotte. Dabei sollte dokumentiert werden, ob das Baby die jeweilige Nahrung verträgt oder nicht.

Heute zeigen Forschungsergebnisse, dass genau dieser sterile Umgang mit Nahrung die Überempfindlichkeit bei Kindern sogar steigern kann, und dass gerade die Einführung der Beikost mit Mischnahrung nach dem vollendeten vierten Lebensmonat das Baby unempfindlich macht.

Das Immunsystem lernt die Nährstoffe früh kennen und wird nicht gegen sie kämpfen – eine sinnvolle Vorbeugung gegen Allergien. Diese Zeit scheint eine Art optimales Zeitfenster zu sein, um für den kleinen Körper Nahrungsmittel einzuführen.

In der Regel fangen die meisten Eltern mit der Mittagsmahlzeit an, dann werden die Milchmahlzeiten allmählich über den Tag mit den Breimahlzeiten ersetzt. Im Laufe der Zeit können dann Milch-Getreidebrei oder Getreide-Obstbrei hinzukommen. Da die Nieren der Babys allerdings noch nicht ausgereift sind, sollte die Breinahrung nicht gesalzen werden.

Das Forschungsinstitut für Kinderernährung in Dortmund befasst sich mit allen Themen rund um die Ernährung für Kinder und Jugendliche. Es empfiehlt primär eine ausgewogene optimierte Mischkost. Eltern können sich hier beraten lassen und ausführliche Informationen und Broschüren erhalten (fke-do.de).

Und wenn die Eltern Vegetarier sind?

Vegetarisch lebende Eltern machen sich oft Sorgen, dass ihr Baby unter Eisenmangel leiden könnte.

In der Tat ist die oben beschriebene fleischhaltige Mischkost die optimale Form der Ernährung, da hier alle notwendigen Nährstoffe enthalten sind.

»Auch Babys können vegetarisch gedeihen. Wenigstens einmal die Woche Fisch im Mischbrei ist allerdings anzuraten«

Wenn Eltern allerdings ihrem Baby kein Fleisch anbieten möchten, können sie stattdessen Vollkorngetreide oder Hülsenfrüchte, kombiniert mit Vitamin C (zum Beispiel Orangensaft), in den Brei mischen. Damit kann eine gute Eisenversorgung gesichert werden. Über eine gesunde Mischung aus pflanzlicher Nahrung und Pflanzenölen wie Rapsöl wird auch die Eiweißzufuhr gesichert.

Sojaprodukte enthalten Stoffe mit hormonähnlichen Wirkungen und sogenannte Phytosterine, weshalb sie für Kinder unter zwei Jahren in großen Mengen nicht empfehlenswert sind. Einmal pro Woche ist ein Brei mit Kartoffel-Getreide-Fisch oder -Ei sinnvoll. Auch hier ist die frühe Gewöhnung an Fisch empfohlen, um späteren Allergien vorzubeugen.

Auch zu speziellen Ernährungsformen erhalten Sie mehr Informationen beim Forschungsinstitut für Kinderernährung in Dortmund (fke-do.de).

Vegane Ernährung

Eine vegane Ernährung ist für Kinder und Jugendliche nicht geeignet und kann ihr Wachstum gefährden.

Mein Baby mag keinen Brei – und jetzt?

Eltern freuen sich oft darauf, ihr Kind mit Brei füttern zu können. Er ist nahrhaft und sättigt, man sieht die Menge und es hat eine Anmutung, die Gedanken hervorruft wie: »Jetzt bekommt mein Kind endlich etwas Richtiges zu essen!«

»Bleiben Sie dran – es dauert, bis der Geschmack kommt«

Aber dann: Das Baby will gar keinen Brei! Die Nahrung ist ihm fremd. Es weigert sich, auch nur einen Happen zu essen.

Es ist für Babys oft nicht leicht, sich von der süßen Muttermilch auf einen nicht besonders gut schmeckenden Brei einzustellen. Und für die Mütter ist es nicht leicht zu akzeptieren, dass ihr liebevoll gekochter Brei verschmäht oder das teure Bio-Gläschen auf dem T-Shirt, Body, Lätzchen und Tisch landet.

Stressen Sie sich bitte nicht. Nichts ist einfacher, als ein Baby zu ernähren. Merken Sie sich nur: Zunächst muss sich das Baby an die neue Nahrung gewöhnen – es braucht etwas Zeit.

Im Englischen gibt es für diese Phase sogar eine Redewendung: »40 yucks, one yum«, was so viel bedeutet wie: 40 Mal spucken, dann schmeckt es. Es muss nicht unbedingt 40 Mal sein, aber die Botschaft ist: »Bleiben Sie dran – es dauert, bis der Geschmack kommt.«

Und wenn es dann endlich auf den Geschmack gekommen ist, können Sie es sich einfach machen. Pürieren Sie eine Portion des Essens, das Sie für sich kochen – nur ohne Salz. Gerade in einer Familie mit älteren Kindern ist es schwierig, verschiedene Menüs vorzubereiten. Ihr Baby kennt viele Geschmacksempfindungen aus dem Mutterleib.

Und sollte es nicht beim ersten Mal verzückt nach mehr rufen, bleiben Sie trotzdem dran. Das wird!

Flasche ade!

Ein leidiges Thema in vielen Familien ist das Abgewöhnen der Flasche. Führen Sie die Trinklerntasse konsequent nach sechs Monaten ein. Da kann Ihr Kind schon ganz gut greifen und aus der Tasse trinken. Spätestens nach dem 15. Lebensmonat soll die Flasche ganz aus dem Leben des Kindes verschwinden. Es droht nämlich Überfütterung, und wenn Fruchtsäfte in der Flasche landen, entsteht die Gefahr von Karies. Im schlimmsten Fall kann überlanges Trinken aus der Flasche sogar zu einer Deformierung des Kiefers führen.

ERNÄHRUNG FÜR DIE GANZE FAMILIE

Die Empfehlungen für die Ernährung von Kindern und Jugendlichen werden immer komplizierter. Was brauchen Kinder eigentlich? Und wie sollen Eltern den Empfehlungen der komplizierten Ernährungstabellen und -pyramiden in der Praxis folgen?

Diäten sind nur für Kinder sinnvoll, die an Stoffwechselerkrankungen leiden, bei denen bestimmte Nahrungsmittel Schaden anrichten können.

Westliche Industrieländer haben kein Problem mit Mangelernährung, sondern eher mit Übergewicht. Auch um das Risiko von Übergewicht gering zu halten, gilt: Eltern sollten keinen »Diäten« oder bestimmten Trends folgen, sondern einfach gemeinsam mit ihren Kindern ein bisschen von allem essen.

»Gesunde Kinder brauchen keine Diäten, sondern ein gesundes Vier-Säulen-Ernährungskonzept«

Eine solche ausgewogene Ernährung besteht aus einer Kombination von Eiweiß, Kohlenhydraten und ein wenig Fett, Obst und Gemüse. Zu jeder Mahlzeit gehören idealerweise ein Viertel Eiweiß, ein Viertel Gemüse, ein Viertel Obst, ein Viertel Kohlenhydrate sowie eine kleinere Portion Milchprodukte.

Für ein ideales gemeinsames Essen empfehle ich daher Folgendes: Auf dem Tisch sollten vier Teller stehen – ein Teller mit Gemüse (gedünstet oder auch roh, wie Karotten,

Gurken, Tomaten, Paprika), ein Teller mit Obst (saisonale Früchte, wenn möglich, geschnitten). Dazu kommt ein Teller mit Eiweiß (das kann Aufschnitt sein, Fleisch, Geflügel, Eier oder auch ein Fischgericht) und ein Teller mit Kohlenhydraten (Reis, Kartoffeln, Nudeln oder Brot). Dazu auf einem kleinen Extrateller Milchprodukte (wie Käse, Butter, Quark, Joghurt und Ähnliches).

Diese Mischung sollte bei den meisten Mahlzeiten ungefähr eingeplant werden, die Portionen entsprechen der Anzahl an Personen, die dabei sind.

Trinken sollten Kinder zu den Mahlzeiten immer Wasser.

Diese Form von Ernährung ist einfach, leicht umsetzbar und bietet eine gute, gesunde Mischung an Nahrungsmitteln.

Natürlich kann es hier passieren, dass Kinder immer nur eine Gemüseart, etwa Karotten, haben wollen, oder auch nur Äpfel essen. Das macht überhaupt nichts – sie sollen ruhig das essen, was sie gerne mögen. Mit der Zeit können Eltern den Kindern neue Nahrungsmittel vorstellen, und auch diejenigen Dinge, die sie verschmähen, werden sie nach einiger Zeit immer mal wieder probieren.

Oft haben Familien frühmorgens keine Zeit, in Ruhe zu frühstücken. Dann nehmen viele Kinder viele schnell wirkende Kohlenhydrate zu sich, in Form von Brötchen oder Müsli. In die Frühstücksdose sollten deshalb möglichst Brot, Aufschnitt, Obst und Gemüse gepackt werden.

Mittags essen die meisten Kinder im Kindergarten oder in der Schule. Auf diese Mahlzeiten haben Eltern oft keinen Einfluss. Manche Kinder, besonders Schulkinder, mögen das Essen in der Einrichtung allerdings nicht. Deshalb haben viele Kinder nachmittags großen Hunger, wenn sie von der Schule kommen, sie greifen dann gern zu Süßigkeiten. Wenn sie allerdings zu Hause ein Ersatzmittagessen bekommen, dann brauchen sie die Süßigkeiten nicht mehr. Deshalb sollten Eltern, wenn möglich, am Abend vorher eine Zwischenmahlzeit zubereiten, damit das Kind nach der Schule etwas zu essen bekommt und nicht lange warten muss. Es können natürlich auch Reste vom Vorabend aufgewärmt werden.

Gemeinsame Mahlzeiten sind sehr wichtig für die gesamte Familie! Mindestens eine gemeinsame Mahlzeit am Tag sollte angestrebt werden. Manche Familien schaffen es eher morgens, andere haben mittags Zeit, meist kommt jedoch der frühe Abend dafür infrage. Je mehr gemeinsame Mahlzeiten die Kinder mit ihren Eltern erleben, desto besser.

So sehen die Eltern ihre Kinder, sprechen mit ihnen, erfahren, was sie machen. Und in der Regel wird bei gemeinsamen Mahlzeiten – anders als etwa alleine vorm Fernseher – nur das gegessen, was der Körper braucht.

Übertriebene Sorgen

Keine Frage, Eltern machen sich überall auf der Welt Sorgen um die Ernährung ihrer Kinder. Sie wünschen sich, dass sich ihre Kinder gut entwickeln, und möchten über die Nahrung aus ihrer Sicht optimalen Einfluss darauf nehmen.

»Zu viel Auswahl geht einher mit zu vielen Empfehlungen und auch zu vielen Verboten«

Allerdings ist der Stress der Eltern in den wohlhabenderen westlichen Ländern viel ausgeprägter als anderswo auf der Welt.

Der Anspruch, alles perfekt zu machen und den Nachwuchs mit den »besten« Nahrungsmitteln zu versorgen, ist eine große Herausforderung. Der damit verbundene Stress ebenfalls.

In Äthiopien, Indien und vielen anderen Entwicklungsländern dieser Welt machen sich viele Eltern Gedanken, wie und womit sie ihre Kinder satt bekommen. Oder überhaupt vernünftig ernähren können. Kinder sind in diesen Ländern oft chronisch unterernährt. Worüber aber machen sich Eltern hierzulande dann Sorgen, wo es doch so viel zu essen gibt? Das Hauptproblem liegt im Übermaß. Zu viel Auswahl geht einher mit zu vielen Empfehlungen und auch zu vielen Verboten, mit den Möglichkeiten potenzieren sich die Gedanken und Sorgen. Ständig fragen sich Mütter und Väter: Was ist denn nun gesund? Was ist richtig, was macht krank?

Und dann, wenn Eltern nach bestem Wissen und Gewissen das Essen zusammengestellt haben, denkt der Nachwuchs gar nicht daran, es auch nur zu probieren! »Bäh« – es wird ausgespuckt, auch die zügig angebotene Alternative wird beharrlich ignoriert. Den Kindern schwebt eher die Nahrung aus der Werbung vor, als die aus dem Bioladen.

Essen wächst sich zum Stress aus. Und die Eltern haben recht, wenn sie auf die Ernährung achten. Doch wie so oft gilt auch hier: Fehler dürfen passieren, solange sie nicht zur Regel werden. Der Drang, die Ernährung möglichst perfekt zu halten, kann auch zur Quelle von Stress werden.

Dabei stelle ich in Gesprächen mit jungen Eltern oft fest, dass Mütter sich mehr Gedanken zum Thema Essen machen als Väter. Männer scheinen gelassener, wenn es um die Auswahl der Nahrungsmittel geht.

Eine Geschichte aus der Praxis

Alice traut sich, nach drei Jahren Pause wegen ihrer Kinder, mal wieder mit zwei Kolleginnen zu einem Kongress zu fahren. Von Freitagabend bis Sonntagabend, zwei Übernachtungen, sechs Mahlzeiten.

Ihre Tochter Lina ist drei Jahre alt und ihr Sohn Niklas sechs. Ihr Mann Alexander passt auf die Kinder auf. Alice kauft ein und kocht für die drei Tage vor. Sie traut es ihrem Mann nicht zu, die Kinder allein gut und gesund zu ernähren. Noch nie im gemeinsamen Leben hat er die Kinder länger als einen Tag allein versorgt.

Alle Mahlzeiten werden ordentlich in Tupperdosen verpackt und beschriftet. Da Alice trotzdem ein schlechtes Gewissen hat, bemüht sie sich besonders, alles ordentlich vorzubereiten. Sie stellt auch einen riesigen Korb Obst in die Küche und legt geschältes frisches Gemüse in den Kühlschrank. Ein Kuchen ist auch schon fertig gebacken. Alexander hat klare Anweisungen bekommen, wann er was erwärmen und verabreichen soll. Zusätzlich hängt ein Zettel am Kühlschrank, falls er vergisst, wann die Kinder was essen sollen.

Als Alice am frühen Sonntagabend nach Hause kommt, trifft sie ihren Mann mit einer Flasche Bier vor dem Fernseher an. Lina und Niklas sitzen mit einer großen Tüte Chips auf dem Boden. Sie begrüßt alle und freut sich, wieder bei ihrer Familie zu sein.

Doch der nächste Gedanke ist: Wieso essen die Kinder Chips? Argwöhnisch schaut sie in den Kühlschrank und schreit laut auf: Ihre penibel und umsichtig zubereiteten Mahlzeiten stehen unberührt im Kühlschrank. Alexander ruft lachend, dass er eine sehr entspannte Zeit mit den Kindern verbracht habe, es sei keiner verhungert und sie hätten viel Spaß gehabt. Sie hätten auswärts gegessen, einmal beim besten Freund und einmal bei seiner Mutter. Die Kinder hätten überall problemlos das gegessen, was es gab.

Doch statt sich zu freuen, dass alle glücklich waren, steigert sich Alice in die Vorstellung hinein, ihre Kinder wären zwei Tage unterversorgt gewesen und mit Chips vergiftet worden. Sie ist beleidigt, dass ihr ganzes Essen nicht gewürdigt wurde. Alexander behauptet, dass er gar nicht genau gewusst habe, dass das Essen für ihn und die Kinder sei. Es kommt zum Streit und tagelanges Schmollen folgt.

Das Beispiel zeigt, welche Mühe und Arbeit Alice investiert hat, um ihre Familie gut zu ernähren. Beim Wiedereinstieg ins Berufsleben muss Alice jedoch ein wenig loslassen und ihrem Mann gleichzeitig mehr Verantwortung zugestehen. Was im Umkehrschluss natürlich bedeutet, dass er sich auch selbst etwas genauer mit der Ernährung seiner Kinder befassen muss. Sinnvoll wäre es gewesen, wenn sich beide Eltern vorher gemeinsam besprochen hätten, damit insgesamt weniger Arbeit anfällt und auf beiden Seiten mehr Gelassenheit und Vertrauen entstehen kann.

Der Magen braucht mal eine Pause

Tupperdosen voller Gemüse und Obst, Brezeln, Dinkelstangen, Reiswaffeln – Mütter sind oftmals schon beim kleinsten Ausflug ausgestattet wie für ein Überlebenscamp. Dazu noch eine Flasche mit Saft oder Tee, an der die Kinder dauernuckeln.

Das Haus ohne Essen zu verlassen ist für viele Eltern mit einem Kleinkind oft undenkbar und ein Grund für Stress. Aber all das ist ein sicherer Weg zu Übergewicht.

Wenn das Kind zwischendurch nichts zu essen bekommt, wird es spätestens zur Essenszeit hungrig sein. Bekommt es pausenlos Snacks, gewöhnt es sich dagegen schnell an die Dauerzufuhr und nimmt am Ende des Tages viel zu viele Kalorien zu sich.

Ich habe aber noch Hunger!

Eltern verbinden Essen mit Sorgen und Angst. Schmeckt es nicht? Ist die Portion zu klein? Ist das Essen auch wirklich gesund? Soll ich die Tomaten, die Petersilie, den Schnittlauch oder die Zwiebeln rauspicken? Essen mit Kindern heißt für viele Eltern eine Dauerbeobachtung des Kindes und des Tellers.

»Kinder lernen, dass Essen für Erwachsene oft eine besondere Bedeutung hat – und nutzen das aus«

Früh lernen die Kinder, dass sie genau diese Angst und Sorge als Waffe für sich einsetzen können. Vor allem ältere Kinder wissen, dass sie mit dem Satz »Ich habe aber noch Hunger« vieles bewegen können.

Und wenn die Kinder ihre Lieblingsspeisen bekommen und sich maßlos darüber freuen, dann macht das die Eltern ebenso glücklich – was wiederum die Kinder spüren. Sie lernen, die Eltern ein Stück weit zu manipulieren. Das ist normal und sogar charmant, solange es in einem gewissen Rahmen bleibt.

Eine Geschichte aus meiner Kindheit

Schlagzeilen über Äthiopien in den 1970er- und 1980er-Jahren beschäftigten sich hauptsächlich mit der fürchterlichen Dürre und Hungerkatastrophe. Meine Familie und ich waren in der Großstadt zunächst nicht davon betroffen, irgendwann gab es aber auch hier eine Rationierung der Nahrungsmittel. Jede Familie bekam nur noch eine bestimmte Menge Zucker, Mehl und Öl.

Heute hat sich die Situation verbessert. Äthiopien ist kein Hungerland mehr. Stattdessen ist es bekannt für Teff, ein Getreide ohne Gluten. Es wird vor allem für das traditionelle Gericht der Äthiopier genutzt, Injera, ein dünnes Brot, das Crêpes ähnelt. Es hat einen leicht säuerlichen Geschmack und wird mit verschiedenen Soßen, ähnlich dem indischen Curry, mit der Hand gegessen.

Wir Kinder liebten Injera mit Soße, Schnitzel mit Pommes gab es bei uns nicht. Da es in Äthiopien aber einen großen italienischen Einfluss gab, kannten wir immerhin ein anderes Gericht der internationalen Lieblingsliste an Kindermenüs: Spaghetti bolognese. Aber auch das verweigerte ich – ich wollte immer nur Injera essen.

Manchmal gab es eine Woche lang Injera mit der gleichen Soße, aber uns Geschwistern machte das gar nichts. Ich glaube, wir dachten noch nicht einmal darüber nach. Im Gegenteil, wenn meine Mutter auf die Idee kam, uns »gesunde« Nahrung anzubieten, liefen wir alle schnell weg und warteten auf unser Injera.

Zum Frühstück gab es bei uns Brot mit Marmelade und dazu Tee. Jeden Tag, wir wollten nichts anderes. Da wir vor der Schule in Eile waren, haben wir es schnell in uns hineingestopft.

Ab und zu holte meine Mutter auch eine blaue Dose »Porridge« aus dem Supermarkt, Haferflocken, offensichtlich ein Import aus England. Ich bekam die Flocken mit Zucker in die Milch gerührt und liebte es noch mehr als meine Geschwister.

Meine Mutter freute sich so darüber, dass ich so gerne Porridge aß und eine Abwechslung akzeptierte, dass sie mir etwas Gutes tun wollte: Sie ging zum Markt, brachte eine Tüte Mischgetreide mit nach Hause und machte das Porridge selbst.

Ich bekam nicht mit, dass sie stundenlang das Getreide mahlte und dann in Dosen einlagerte, aber ich kann mich noch genau an den Tag erinnern, an dem sie ihre eigenen Haferflocken servierte.

Es war ein Sonntag, und meine Mutter hatte mir schon beim Aufwachen versprochen, dass es später mein geliebtes Porridge geben würde. Aber zuerst mussten wir in den Gottesdienst. Er dauerte gefühlt ewig, aber ich hielt durch, und meine Vorfreude wuchs. Als wir endlich zu Hause ankamen und meine liebe Mutter mir und meinen Geschwistern ihr selbst gemahlenes Frühstück hinstellte, schrie ich vor Wut. Und nicht nur ich. Jedes meiner fünf Geschwister schimpfte, weinte, spuckte das Essen aus und tobte.

Und wie überall auf der Welt schimpfte unsere Mutter zurück. »Wisst ihr eigentlich, wie lange ich dafür in der Küche gestanden habe? Die bettelnden Kinder vor der Kirche wären froh.« Ob Addis Abeba, Aargau oder Aachen – solche Essenskonflikte gibt es überall auf der Welt.

Nahrung als Schlafmittel?

»Ich habe aber noch Hunger« – dieser Satz gewinnt auch dann an Beliebtheit, wenn Schlafen angesagt ist. Väter fallen seltener darauf herein als Mütter. Die Vorstellung und Sorge, dass der Nachwuchs hungrig ins Bett gehen muss, womöglich mit knurrendem Bauch kaum schläft, ist für viele Mütter aber offenbar auch eine besondere Qual.

»Das Schlaf-Problem lässt sich mit Essen und Trinken nicht lösen«

Nils ist 14 Monate alt. Gegen halb acht schläft er mit einer Flasche Milch ein. Das nächste Mal wacht er gegen Mitternacht auf und fordert die nächste Milch. Danach alle zwei Stunden das Gleiche. Jedes Mal schläft er erst ein, wenn er seine Milch bekommen und getrunken hat.

Seine Mutter kann nicht mehr, aber schafft es auch nicht, Nils mitten in der Nacht anders zu beruhigen. Ihn schreien zu lassen ist für sie keine Alternative.

Nils hat allerdings weder Durst noch Hunger, er findet lediglich keinen anderen Weg in den Schlaf, weil ihm kein anderer Weg angeboten wird.

Nahrung ist leider ein sehr ungeeignetes Schlafmittel, und das Schlafproblem lässt sich langfristig erst recht nicht mit Nahrung lösen. In diesem Fall, der übrigens sehr oft vorkommt, wäre ein sanftes Schlaftraining viel sinnvoller als dieser nächtliche Kalorienüberfluss.

Kein Gummibärchen zum Trost

Die Forschung hat gezeigt, dass Kinder, die Essen als Belohnung, Beruhigung oder als Trost bekommen, unbewusst durch diese Gewohnheit geprägt werden. Nicht selten greifen diese Kinder, wenn sie erwachsen sind, bei Stress und Frust zu Süßigkeiten oder durchsuchen bei Schlafstörungen den Kühlschrank. Die Nahrung wird in diesem Fall als Trost empfunden, das Gefühl von Zufriedenheit ist bei diesen Menschen eng an Essen gekoppelt.

Denken Sie daran: Unser kleines Seepferdchen speichert alles und holt es später im Leben wieder hervor.

Gesund? Igitt! Aber wenn Papi es isst ...

Kinder essen nach Gefühl, nicht nach Verstand. Es ist einfach so, dass »gesund« für viele Kinder das Gegenteil von »lecker« ist – eben ein Gefühl ohne Verstand. Vorträge und Belehrungen sind nutzlos und führen nur selten zum Ziel, wenn das Gesagte nicht auch vorgelebt wird. Essverhalten lernen Kinder durch Beobachtung.

Urlaub! Und was essen die Kinder?

Eine Geschichte aus meiner Kindheit

Als ich ein kleines Mädchen war, hatten wir viel Besuch vom Land. Meine Mutter stammte aus einem Ort, der rund 300 Kilometer nördlich von der Hauptstadt Addis Abeba lag. Von dort kamen ihre Geschwister und andere Verwandte oft vorbei. Da meine Mutter in ihrer Jugend auch einige Jahre in Ost-Äthiopien gewohnt hatte, bekam sie von dort ebenfalls regelmäßigen Besuch. Alle kamen sie mit dem Bus.

»Die Sorge um zu wenig Essen schlägt oft jegliche Vernunft«

Immer wieder wunderte ich mich, welcher Aufwand in dieser Besuchszeit ums Essen gemacht wurde. Das Injera, unser äthiopisches Fladenbrot, wurde in der Sonne getrocknet, Rindfleisch wurde in Chilipulver eingelegt und ebenfalls getrocknet. Getreide und Kichererbsen wurden gesalzen und geröstet und in Tüten gepackt.

Für unterwegs gab es immer einen großen Korb. Er war innen aus Gras geflochten und außen mit Leder vernäht, und er diente dazu, das Essen für den Weg warm zu halten.

Die Routen nördlich und östlich von Addis Abeba bestanden oft nur aus einer schmalen, kaputten Straße. Es gab keine Möglichkeit, anzuhalten und etwas zu essen zu kaufen, häufig mussten die Menschen sogar auf Pferde umsteigen oder gar zu Fuß weiterreisen, falls der Bus kaputtging. Das kam nicht selten vor.

Der Bus musste darüber hinaus überall anhalten und fuhr sehr langsam, da die Straße gefährlich war. So eine Reise dauerte damals oft mehrere Tage. Manchmal war auch diese einzige, marode Straße wegen starken Regens gesperrt. Kinder wurden auf diese Reisen nie mitgenommen, es sei denn, es stand ein Umzug an.

Die Menschen in diesen Bussen hatten nur das Essen, was sie bei sich trugen. Genauso verhielt es sich mit dem Wasser. War das Wasser aufgebraucht, gab es keines mehr. Abgesehen vom Reiseproviant wurde natürlich auch immer etwas mehr eingepackt, für die Verwandten und Freunde, die man besuchte.

Genau an diese Berge von Proviant muss ich immer denken, wenn Familien hierzulande in den Urlaub reisen. Das Auto gleicht einem prall gefüllten Kühlschrank. Dazu gibt es noch eiserne Reserven in Form von getrockneten Salami-Sticks für den Fall der Fälle.

Damit der Nachwuchs das Trinken im Auto nicht verweigert, werden natürlich auch reichlich Fruchtsäfte und andere Süßgetränke mitgenommen. Und weil die Kinder doch ein wenig Spaß auf dem Weg haben sollen, dürfen Chips und Gummibärchen nicht fehlen. Daneben geht es auch noch darum, darauf vorbereitet zu sein, falls der kleine Philipp das Essen im Hotel nicht mag.

Egal wo, die Sorge um zu wenig Essen schlägt oft jegliche Vernunft. Dabei ist es fast egal, ob die Reise eine Stunde oder einen Tag dauert. Reisen bedeutet immer Essen horten. Als ob bald Notstand herrschte! Manchmal wird dieses Essen, das für einen Tag oder mehr reicht, in drei Stunden verputzt. Und manchmal wird es überhaupt nicht angefasst.

Was mich allerdings wundert, ist der Stress, der damit verbunden ist. Er fängt an mit den Besorgungen, geht weiter mit dem Kampf, dass das, was besorgt wurde, auch gegessen wird, und führt schließlich oft zu Konflikten zwischen den Eltern – meistens wollen Väter, dass ihr Auto sauber bleibt, während Mütter wollen, dass der Nachwuchs ausreichend Nahrung bekommt.

Wer kennt nicht den Satz: »Ich bin gestresst, weil wir übermorgen in Urlaub fahren.« Dabei sollten der Urlaub und die Vorbereitung darauf eigentlich genau das Gegenteil sein.

Wie viel Essen sollte es mindestens sein?

Anders als bei Erwachsenen können wir bei Kindern keinen Tageskalorienbedarf ausrechnen. Der Grund dafür ist, dass in der Entwicklung zwischen Säugling, Kleinkind und Schulkind verschiedene Stadien mit unterschiedlichen Wachstumsschüben durchlaufen werden. Aus diesem Grund gibt es keine pauschale Empfehlung, wie viel am Tag gegessen werden sollte.

Dazu kommt die Tatsache, dass die Nährstoffverwertung und der Stoffwechsel von Kind zu Kind sehr unterschiedlich sind. Kinder essen manchmal an einem Tag sehr viel, an einem anderen Tag kaum etwas. So rasant wie das Gewicht im ersten Lebensjahr zunimmt, so sehr kann es sich in anderen Stadien verlangsamen.

Die Kinder wachsen dann eher in die Höhe, ohne viele neue Kilos auf die Waage zu bringen. Oft machen sich Eltern dann Sorgen, weil das Kind aussieht wie ein Spargel oder die Rippen gezählt werden können. Wenn der Nachwuchs dabei aber munter und lebhaft ist und weiter wächst, ist das kein Problem!

ÜBERGEWICHT

Mein Kind isst nichts, nimmt aber zu

Manche kleine Kinder trinken leider nur hochkalorische Getränke, so wie meine kleine Patientin Lilly. Sie ist vier Jahre alt, hat Karies und Übergewicht.

In der Sprechstunde erzählt mir ihre Mutter: »Lilly isst nichts, aber sie wirkt trotzdem übergewichtig.« Sie fragt, ob das von der Schilddrüse kommen könne. Im Gespräch kommt dann heraus, dass Lilly nicht nur Apfelschorle, sondern auch noch andere gesüßte Getränke trinkt. An Getränke hatte die Mutter überhaupt nicht gedacht.

»Gesüßte Getränke tragen maßgeblich zur Ausbreitung von Übergewicht bei«

Aber auch Limonade, Cola und Säfte haben viele Kalorien in Form von Zucker, und sie tragen sehr häufig maßgeblich zu einer Art Überfütterung bei. Auch sind sie die häufigste Ursache für Karies.

Mein Kind ist zu dick, braucht es eine Diät?

Ein großes Problem, das häufig in der Kindheit beginnt, stellt – mittlerweile auf der ganzen Welt – Übergewicht bis hin zu *Adipositas* (Fettleibigkeit) dar. Inzwischen ist Adipositas als Krankheit anerkannt.

»Nicht eine Diät, sondern eine Umstellung der Ernährungsgewohnheiten ist der richtige Weg«

Die gute Nachricht ist: Entdecken Eltern die Gewichtsentwicklung rechtzeitig, kann mit Unterstützung des Kinderarztes oder einer Ernährungsberatungsstelle die Gewichtszunahme schnell gestoppt werden.

Es gilt dann, eine Umstellung der gewohnten Ernährungsweise anzustreben. Diese Intervention führt dazu, dass die Kinder zwar nicht unbedingt direkt abnehmen, aber durch das natürliche Wachstum bei gleichzeitigem Gewichtsstillstand ihr Übergewicht langsam abbauen. Bestenfalls profitieren Menschen ein Leben lang von der Umstellung ihrer Ernährung während der Kindheit.

Adipositas fängt teilweise früh an, es ist deshalb nicht egal, wie viel die Kinder essen und wie sich ihr Gewicht entwickelt. Studien zeigen, dass extreme Gewichtsentwicklungen sogar im ersten Lebensjahr ein Risiko für Adipositas darstellen können. Normalerweise fallen die Kinder mit Übergewicht während der Vorsorgeuntersuchungen auf, in der Regel reichen kurze Beratungsgespräche mit dem Kinderarzt.

Bei extremen Problemen ist eine Beratung in der Spezialambulanz einer Klinik sinnvoll.

Falls Sie das Gefühl haben, dass Ihr Kind zu viel an Gewicht zunimmt, sprechen Sie mit Ihrem Kinderarzt.

SCHLAFEN

Eltern kleiner Kinder haben in der Regel zu wenig Schlaf. Besonders anstrengend ist das in den ersten drei Lebensjahren der Kinder. Schlafmangel wiederum führt zu Stress. Denn wenn der Mensch nicht schläft, wird die Amygdala angeregt, Stresshormone auszuschütten. Dieser Stressschub führt wiederum dazu, dass das Großhirn beim Denken behindert wird.

Auf diese Weise verursacht die Amygdala ein emotionales Chaos aus Motzigkeit, Dünnhäutigkeit und Aggressivität. Die Schlaflosen werden ungeduldig, reizbar, ängstlich und manchmal sogar depressiv. Unausgeschlafene Eltern haben im Alltag Probleme mit der Konzentration und neigen dazu, Kleinigkeiten zu vergessen.

»Wenn Schlafgewohnheiten umgestellt werden, geht das mit Protesten und Schreien einher. Das ist normal und hinterlässt beim Baby keine Schäden.«

Anders als bei ihren Eltern kommt es bei Babys und Kleinkindern gar nicht so weit; sie nehmen sich einfach ihren Schlaf, wenn sie ihn brauchen, und leiden dementsprechend nicht unter Schlafmangel.

Wer schläft eigentlich wann?

Kinder schlafen, wann sie wollen und wenn sie Schlaf brauchen. Sie können schlafen, ohne es zu lernen – das Schlafen ist für Kinder genau wie das Essen und Trinken ein Grundbedürfnis, das sie bei Bedarf befriedigen.

Deshalb können Kleinkinder auch an allen möglichen Orten und in allen möglichen Positionen schlafen. Kleinkinder schlafen allerdings nicht immer, wenn ihre Eltern das wünschen. Umgekehrt schlafen sie manchmal dann, wenn es den Eltern eigentlich nicht passt. So kann eine Zweijährige schon einmal auf den Schultern ihres Vaters einschlafen – während er auf einer Hochzeit tanzt!

Neugeborene haben noch keinen richtigen Tag-Nacht-Rhythmus, sie müssen ihn erst lernen. Sie wachen in den ersten Tagen meistens alle zwei Stunden auf, trinken und schlafen wieder ein. Mit zunehmendem Alter werden dann die Wachphasen tagsüber und die Schlafphasen nachts länger. Ab dem sechsten Lebensmonat können viele Babys nachts in der Regel schon bis zu sechs Stunden am Stück schlafen – ein echter Segen für viele Eltern.

Manchmal dauert es auch länger, bis die Kinder sechs Stunden oder mehr am Stück schlafen. Eltern können versuchen, die Kinder anzulernen, etwa durch das Schaffen eines Hell-Dunkel-Rhythmus. Wenn auch das nicht funktioniert, müssen sie Geduld haben.

Im zweiten Lebensjahr haben Kinder oft wieder Schlafprobleme, weil sie mit der Zahnentwicklung sowie mit typischerweise gehäuften Infekten wie Schnupfen und Husten zu kämpfen haben. Kleinkinder entwickeln auch Trennungsängste in dieser Zeit, was die Situation erheblich erschwert.

Mit dem Eintritt in den Kindergarten hat sich die überwiegende Zahl der Kinder an die Schlafzeiten in der Familie gewöhnt.

Gibt es hingegen dauerhaft Schlafprobleme, sollten sie angegangen werden. Denn wer als Kind nachts nicht schlafen lernt, kann auch als Erwachsener Schlafprobleme bekommen. Vor diesem Hintergrund gewinnt eine geregelte Nachtruhe noch einmal eine andere Dimension: Guter Schlaf ist nicht nur für den Abbau von elterlichem Stress wichtig, sondern ebenso für die Zukunft der Kinder.

Schlafprobleme entstehen in der Regel durch falsche Gewohnheiten. Zum Beispiel, wenn Kinder gar nicht erst lernen, einfach einzuschlafen, sondern sich direkt an bestimmte Rituale gewöhnen. So schlafen manche Kleinkinder von Anfang an nur mit der Flasche ein. Andere müssen in den Schlaf geschaukelt werden, andere schlafen nur im Tuch auf dem Rücken der Eltern ein oder wenn sie mit dem Auto eine Runde gefahren werden.

Manche Kinder schlafen zwar gut ein, werden aber nachts öfter wach und schlafen dann erst wieder ein, wenn sie an der Brust saugen oder die Spieluhr hören. Einige Eltern stehen auch mitten in der Nacht auf und lesen Geschichten vor oder spielen Lego mit ihren Jungen oder Mädchen.

Diese Kinder haben alle nicht gelernt, selbstständig einzuschlafen. Glücklicherweise holen das die meisten Kinder nach: Sie lernen meist spätestens, wenn sie in den Kindergarten kommen, selbstständig einzuschlafen.

Geschichten aus der Praxis

Tom ist neun Monate alt, er weigert sich, abgestillt zu werden, und wird nachts mehrmals gestillt. Auch tagsüber will er nur die Brust und spuckt seiner Mutter Sonja den sorgsam zubereiteten Brei in einem Schwall entgegen. »Ich kann nicht mehr«, sagt Sonja erschöpft in der Sprechstunde. »Ich kann es aber auch nicht ertragen, wenn er weint oder an Hunger leidet. Gibt es nicht ein homöopathisches oder pflanzliches Beruhigungsmittel, damit Tom nachts endlich durchschläft? Wir haben ein Schlaf-Training probiert, aber das war der Horror. Wir hatten das Gefühl, wir traumatisieren ihn.«

Tom hat eigentlich ein eigenes Zimmer, aber dort schläft mittlerweile Tanjas Mann Andreas. »Er hat sich vor einigen Monaten ausquartiert und schläft dort, weil er morgens früh rausmuss zur Arbeit.«

Als Kinderärztin erlebe ich leider immer wieder, dass es sich zu einem Beziehungskiller entwickelt, wenn Eltern wegen eines Kindes getrennt schlafen.

In Ausnahmefällen, bei Krankheit oder wenn man am nächsten Tag einen wichtigen Termin wahrnehmen muss, ist das sicher nachvollziehbar. Wenn sich der Vater jedoch dauerhaft ausquartiert und die Mutter beim gemeinsamen Kind schläft, werden Eltern weder die Erschöpfung der Mutter noch das Schlafproblem des Kindes lösen – sie schaffen sich dagegen ein zusätzliches Problem, wenn die Partnerschaft darunter leidet.

Der kleine Tom hat sich einfach ein falsches Ess- und Schlafverhalten angewöhnt. Die Angst, dass Tom psychisch leiden könnte, hindert Sonja daran, eine Lösung für das Problem zu finden. Der Einzige, der keine Probleme zu haben scheint, ist Tom selbst. Er gedeiht prima, ist gut gelaunt und entwickelt sich prächtig. Er schläft, wann und wie er will.

Es geht Tom gut, und es ist klar, dass Tom keine Änderung wünscht. Und klar ist auch, dass er, falls seine Eltern etwas anderes wünschen, protestieren wird. Aber führt Protest gleich zu psychischen Schäden?

Wissenschaftler haben vor Kurzem nachweisen können, dass bei Babys und Kleinkindern, die nachts weinen oder protestieren, der Spiegel der Stresshormone nicht erhöht ist: Die Werte für Kortisol im Blut und auch im Speichel waren normal.

Ich verschreibe niemals Schlafmittel für gesunde Kinder.

Eltern können versuchen, ein Schlafanpassungsproblem gelassen zu nehmen und – vorübergehend – zu akzeptieren, in der Hoffnung, dass sich die Situation bald verbessert. Solange sie geduldig sind und sich davon nicht unter Stress setzen lassen, ist das ein vernünftiger Weg.

Oder sie streben zügig eine Lösung an und damit auch eine Veränderung. Das geht einfacher, als viele Eltern denken. Es gibt viele Ratgeber mit Empfehlungen zum Schlaftraining für Babys und Kleinkinder. Das Prinzip ist bei allen diesen Trainings ziemlich gleich: Das Kind wird von seinen bisherigen Gewohnheiten allmählich entwöhnt.

Wenn es zum Beispiel nachts die Brust wünscht, dann sollte diese immer mit Verzögerung gegeben werden, und die Verzögerung sollte langsam vergrößert werden. Auf diese Weise lernt das Kind nach einiger Zeit, dass es nachts keine Milch mehr gibt.

Bevor Sonja und Andreas ein solches Training beginnen können, müssen sie ihre Ängste und ihren Stress reduzieren, der durch den chronischen Schlafmangel entstanden ist. Um dies zu erreichen, müssen sie zunächst lernen, mit Toms Schlafgewohnheiten gelassen umzugehen.

Es gilt, einem Teufelskreis zu entkommen. Denn je mehr Sorgen sich die Eltern machen und je länger sie zu wenig Schlaf bekommen, desto ängstlicher werden sie im Umgang mit Tom. Dem kleinen Tom passiert aber nichts, denn er holt sich ja den Schlaf, wann er will und wenn er ihn braucht.

Die Formen von Schlafproblemen variieren sehr und sollten immer individuell angegangen werden. Konkrete Hilfen finden Sie am Ende dieses Abschnitts.

Ein weiteres Beispiel: Greta ist ein aufgewecktes Mädchen. Die Fünfjährige kommt mit ihrer Mutter Sibylle zur Vorsorgeuntersuchung U9 in die Praxis. Bei Greta ist alles in Ordnung, sie ist altersgemäß entwickelt – bis auf ihr Schlafverhalten. Sibylle berichtet, dass Greta jede Nacht fünf bis sechs Mal wach wird und ihre Eltern weckt.

»Greta hat sich daran gewöhnt, von uns zugedeckt zu werden«, erzählt Sibylle. »Das geht nun schon seit zwei Jahren so. Wir müssen sie immer zudecken, und das mehrmals in der Nacht. Jetzt ist das schwierig geworden. Mein Mann ist gerade drei Monate auf Reisen. Bisher sind wir immer abwechselnd aufgestanden, aber allein schaffe ich das nicht.«

Was passiert, wenn sie nicht zu Greta geht?

»Oh, Greta ist gnadenlos.« Sibylle lacht. »Sie ruft so lange, bis jemand kommt. Kommt keiner, beginnt sie laut zu schreien. Die Nachbarn haben uns jetzt schon mehrmals angesprochen.«

Solche Situationen sind vermeidbar. Denn das Kind ist in einem Alter, in dem es Erziehungsmaßnahmen annehmen kann. Natürlich wird das anfangs mit Protest verbunden sein, da Veränderungen ja auch für ein Kind erst einmal Stress bedeuten. Aber falsche Gewohnheiten verschwinden leider selten von allein. Auch in diesem Fall gilt: Greta wird zwar protestieren, aber keinen psychischen Schaden erleiden, wenn sie nachts nicht alle zwei Stunden zugedeckt wird.

Da Greta schon fünf Jahre alt ist, können ihre Eltern mit ihr reden und erst einmal in Ruhe und liebevoll erklären, dass sie nachts nicht mehr geweckt werden möchten. Sie können Greta auch klarmachen, dass sie schon alt genug ist, sich selbst wieder zuzudecken.

Wenn Greta dann nachts wieder zu schreien anfängt, können ihre Eltern ein wenig warten, bevor sie das Mädchen zudecken. Beim nächsten Mal warten sie ein wenig länger, dann noch etwas länger. Dabei sollten die Eltern sich nachts nicht in Erklärungsgespräche verwickeln lassen. Sonst entsteht eine neue Gewohnheit.

Die Eltern können ins Zimmer gehen, vielleicht den Kopf streicheln, möglichst wenig sagen, und dann wieder das Zimmer verlassen. Es wird vielleicht fünf bis sechs Tage und einige Schreiphasen lang dauern, dann wird sich Greta aber an die neuen Umstände gewöhnt haben und besser schlafen. Eltern brauchen dabei kein schlechtes Gewissen zu haben.

Ein weiterer Fall: Kim und Peter haben nach langem Versuchen endlich ihr erstes Kind bekommen, Theo. Kim ist so glücklich, dass sie sich entscheidet, die ersten drei Jahre nicht mehr arbeiten zu gehen und die Zeit ganz dem kleinen Theo zu widmen.

Ich betreue die Familie seit Theos Geburt. Theo ist gesund und gut gelaunt. In den ersten zwei Jahren hat Kim bis auf die üblichen Vorsorgeuntersuchungen und Impftermine keinen Grund gehabt, in die Praxis zu kommen.

Als Theo zwei Jahre alt wird, bekommen Kim und Peter noch eine Tochter, Lena. Alles läuft gut, Lena ist ebenfalls gesund und glücklich. Eine Bilderbuchfamilie.

Nach Lenas Geburt ändert sich aber plötzlich Theos Schlafverhalten: »Wir machen uns furchtbare Sorgen«, erzählt Kim. »Theo ist in letzter Zeit häufig nachts wach, das kommt plötzlich und aus dem Nichts. Er schreit laut und kräftig, und ich erschrecke mich jedes Mal. Wenn ich versuche, ihn zu beruhigen, schreit er nur noch lauter und wehrt sich, als ob ihm etwas wehtut. Das ist wirklich ganz schlimm für uns, wir wissen nicht, was wir machen sollen.«

Kim ist sehr besorgt, ich kann sie verstehen. Ich untersuche Theo gründlich und finde nichts Auffälliges. Er hat keinen krankheitsbedingten Grund, nachts zu schreien.

Ich erkläre Kim, dass Kinder sehr häufig nachts aufschrecken und wach werden, und dass dieses Verhalten harmlos ist. Es gibt keinen Grund zur Sorge, ich kann ihr aber auch nicht sagen, wie lange es noch so weitergeht.

Ich erkläre Kim ebenfalls, dass nachts aufgeschreckte Kinder sich in der Regel wieder von allein beruhigen. Ich erkläre ihr auch, dass sie dabei nichts Schlimmes empfinden und am nächsten Tag oftmals gar nicht mehr wissen, dass sie in der Nacht für Trubel gesorgt haben.

Das beruhigt Kim ein wenig, aber ganz entspannt ist sie nicht: »Ich weiß, dass er träumt, auch, dass Kinder in diesem Alter beim Träumen erschrecken und aufwachen können. Gerade deshalb versuche ich ja, ihn zu beruhigen, und halte seine Hand. Ich biete ihm auch die Flasche an und warte immer, bis er wieder einschläft. Das dauert manchmal lange, und in der Nacht so lange neben ihm zu stehen, ist sehr anstrengend. Zudem muss ich Lena ja auch noch stillen und bin noch recht kaputt von der Geburt. Mein Mann kann sich nachts nicht kümmern, weil er morgens um sechs Uhr rausmuss.«

Ich frage Kim, warum sie bei Theo steht und nicht sitzt.

Kim schaut mich verwundert an. »Nein«, sagt sie, »ich muss doch stehen, damit der Kleine mich sieht. Er sieht mich nicht, wenn ich sitze, und wenn ich rausgehe, denkt er bestimmt, dass ich ihn verlasse. Er hat doch noch sehr mit seiner Schwester zu kämpfen, er musste ja den Thron ganz plötzlich abgeben. Bisher war er der alleinige Prinz, ich kann ihn unmöglich in dieser Situation im Stich lassen. Ich habe Angst, dass er dadurch psychische Schäden davonträgt.«

Da ist sie wieder, die Angst vor psychischen Schäden.

Kim erzählt weiter: »Abgesehen davon ist mein Mann ein Choleriker. Theo hat schon mal die Flasche aus dem Bett geworfen, und ich möchte nicht, dass der Kleine später auch ein Choleriker wird. Ich habe gelesen, dass Kinder so etwas erben können.« Kim schaut mich ein wenig verzweifelt an.

Im Prinzip gibt es hier kein Problem: Theo wacht ab und zu nachts auf und beruhigt sich dann wieder, das ist für Kinder in seinem Alter normal. Aber im Kopf seiner Mutter entfaltet sich eine regelrechte Angst- und Schuldspirale.

Wie so oft im Umgang mit Kleinkindern fühlt Kim sich hilflos, weil sie nicht viel tun kann. Es bleibt oft aber gar nichts anderes übrig, als loszulassen und die Dinge geschehen zu lassen, bis sie sich von selbst erledigen. Und es ist manchmal das einzig Richtige.

Ich nehme mir Zeit und kann Kim schließlich beruhigen. Mehr braucht sie in diesem Moment gar nicht. Ich erkläre ihr, dass es für Theo viel besser ist, wenn er eine ausgeschlafene Mutter an seiner Seite hat, statt eine müde und gereizte Mutter. Wenn Theo nachts schreit, setzt sich Kim kurz zu ihm, dann geht sie rasch wieder schlafen. Zwei Monate später ist die Phase von Theos nächtlichem Aufschrecken vorbei.

Geschichten aus meiner Kindheit

In Addis Abeba wohnten meine Eltern, meine fünf Geschwister und ich in einem Haus mit vier Schlafzimmern. Meine Eltern hatten ihr eigenes Zimmer und die sechs Kinder teilten sich jeweils die restlichen. Unser Haus war für äthiopische Verhältnisse groß.

Die meisten Menschen in Äthiopien, vor allem in ländlichen Regionen, hatten damals nur eine Lehmhütte und einen Raum zum Schlafen. Manchmal schliefen auch die Tiere mit in der Hütte.

Betten gab es darin selten. Dort, wo es welche gab, schliefen Kinder und Eltern zusammen darin.

Als ich meine Mutter gefragt habe, wie unser Schlafprogramm aussah, damals mit sechs Kindern, hat sie laut gelacht. Es gab kein Schlafprogramm. Wir haben zu Abend gegessen und mussten ins Bett.

Es gab manchmal Protest, aber am Ende gingen wir Kinder dann doch immer einfach schlafen.

»Ich habe mich nie um den Schlaf meiner Kinder gekümmert – sie haben geschlafen, wenn sie müde waren, und in der Nacht habe ich gestillt oder die Flasche gegeben«, sagt meine Mutter. »Babys brauchen Wärme, also haben wir sie tagsüber getragen, und nachts kamen sie zu uns ins Bett oder sie schliefen irgendwo bei einer Schwester oder einem Bruder.«

Teilweise haben wir zu dritt im Bett geschlafen, ohne große Krisen. Wenn einer krank wurde, war es natürlich dann doch schwierig, aber das gehörte dazu. Meine Mutter erzählt: »Wer weinte, hatte auch irgendwann aufgehört. Ich glaube, wenn die Kinder das früh lernen, werden sie stark für ihr Leben. Ich habe mir da keine Sekunde Sorgen gemacht oder Rücksicht auf jemanden genommen, wir mussten uns doch alle aneinander anpassen.«

Für meine Mutter war vollkommen klar: Das Kind findet selbst seinen Weg! Eine relativ unkomplizierte und natürliche Art, mit dem Thema »Schlafen« umzugehen.

Was Eltern tun können

Als Erstes müssen Eltern für sich entscheiden, ob sie das Schlafverhalten des Kindes ändern wollen oder ob sie es so aushalten können.

Jedes Kind kann lernen, zu bestimmten Zeiten zu schlafen. Allerdings geht diese Veränderung des gewohnten Schlafrhythmus oft mit Protesten einher. Kindern schlafen beizubringen bedeutet jedoch nicht, sie stundenlang schreien zu lassen.

Wie immer ist es sinnvoll, zu verstehen, warum Kinder sich beschweren. Sie haben manchmal Durst, manchmal Albträume, und manchmal haben sie auch einfach Angst, weil sie sich verändern sollen. Natürlich muss bei anhaltendem, nächtlichem Schreien eine organische Ursache von der Kinderärztin ausgeschlossen werden.

Schlaftraining ist nichts anderes als das Ablegen alter Schlafgewohnheiten und die Einführung neuer Gewohnheiten. Schlaftraining führt definitiv nicht zu psychischen Problemen!

Mit dem Beginn des Schlaftrainings sollten Eltern auf das Schreien oder Rufen des Kindes nicht sofort reagieren, sondern ein wenig warten. Die Wartezeit sollte vorher festgelegt werden. Ein, zwei Minuten am ersten Tag, an jedem weiteren Tag wird die Zeit allmählich auf fünf bis schließlich 15 Minuten ausgedehnt.

Wenn das Kind schreit, gehen Sie nach dieser Zeit zu ihm und beruhigen Sie es. Es sollte jedoch keine Aktivität oder Ansprache stattfinden. Auch sollte das Kind nicht aus dem Bett genommen oder etwas zu essen angeboten werden. Das Kind muss nur verstehen, dass Sie da sind und dass es nicht alleine ist.

Lassen Sie Ihr Kind auf keinen Fall durchschreien, aber seien Sie auch konsequent und werfen Sie nicht ständig Ihr Konzept über Bord, nur damit das Kind sofort zu schreien aufhört. Schon nach vier bis fünf Tagen gewöhnt sich das Kind an die neuen Verhältnisse. Wenn Sie allerdings nicht weiterkommen und der Leidensdruck groß ist, sprechen Sie Ihren Kinderarzt an.

Schlaftraining kann auch funktionieren, wenn man mit dem Kind in einem Raum oder Bett zusammen schläft. Kinder schlafen überall auf der Welt und in vielen Kulturen mit ihren Eltern im Bett. Dieses Bedürfnis haben nicht nur die Kinder, sondern oft auch die Eltern. Die körperliche Nähe bedeutet für beide Seiten Bindung und Sicherheit. Babys und Kleinkinder fühlen sich bei den Eltern geborgen und schreien weniger, wirken zufriedener und besser reguliert. Es gibt keinen Grund, in den ersten Monaten und gegebenenfalls auch Jahren auf das schöne und vorteilhafte Erlebnis des gemeinsamen Schlafens zu verzichten.

KRANKHEITEN UND SELBSTHEILUNGSKRAFT

Erholung und Erneuerung *(Homöostase)*

Unser Körper ist eine ständige Baustelle. Jede einzelne Zelle wird von Geburt an bis zu unserem Tod dauerhaft renoviert. Dazu werden ständig neue Zellen gebildet, alte nutzlose Zellen entsorgt. Dieser anhaltende Prozess der ständigen Erneuerung und Regeneration heißt Homöostase, er sorgt für die Selbstheilung.

»Jede Zelle unseres Körpers wird ständig renoviert. Auf diese Weise laufen im Körper pausenlos Selbstheilungsprozesse ab.«

Es ist wichtig zu wissen, dass diese Homöostase jedoch dann am besten funktioniert, wenn der Körper nicht unter Stress steht. Wer unter Stress leidet, wird langsamer gesund oder häufiger krank. Wenn Eltern gestresst sind, werden sie selber häufiger krank.

Wenn Kinder krank sind und merken, dass ihre Eltern gestresst sind, kann es dazu führen, dass der Stress sich auf die Kinder überträgt und eine rasche Genesung bei ihnen verhindert.

Gehäufte Infekte – Grund zur Sorge?

Ein häufiger Grund für Stress bei Eltern sind die anhaltenden und wiederkehrenden Infektionen von Säuglingen und Kleinkindern. Alle Eltern wünschen sich, dass ihre Kinder fröhlich, gesund und ohne Krankheiten aufwachsen – das ist aber leider nicht möglich. Krankheiten gehören einfach zum Leben! Trotz ausgewogener und gesunder Ernährung, viel Bewegung und ausreichend Schlaf machen Kleinkinder mehrere Infekte pro Jahr durch. Diese häufen sich, wenn die Kita oder der Kindergarten beginnt.

»Jeder Infekt im Kleinkindalter bedeutet nichts mehr, als dass Ihr Kind die Immunschule besucht und gerade im Training ist«

Kein Kind wird groß, ohne einmal krank gewesen zu sein. Säuglinge und Kleinkinder machen in den ersten zwei bis drei Jahren nach der Geburt mehrere, teilweise bis zu zwanzig Infekte im Jahr durch.

Wenn ihre Kinder krank sind und Fieber haben, sind Eltern oft beunruhigt – sie fangen an, sich Sorgen zu machen. Sie wollen dann oft von mir wissen, ob sie etwas falsch machen oder wie sie das Immunsystem ihres Kindes stärken können.

Infekte sind jedoch wichtig und gesund. Es ist bewiesen, dass gerade diese gehäuften, währenddessen zwar anstrengenden, aber dennoch harmlosen Infektionen dafür sorgen, dass das Immunsystem gestärkt wird. Es ist eine Art Immunschule für die Kinder und sollte nicht als Bedrohung, sondern als gutes Training angesehen werden.

Nele ist drei Jahre alt. Ihre Mutter Kerstin ist stolz, dass Nele in den Kindergarten kommt, und freut sich darauf, nach einer langen Pause endlich wieder arbeiten gehen zu können.

Aber die Freude hält nicht lange an: Schon ein paar Wochen nach der Eingewöhnung kommt der Herbst und mit ihm ein fiebriger Infekt nach dem anderen. »Das kenne ich von Nele nicht, sie war bisher immer gesund«, sagt Kerstin. Sie ist in großer Sorge.

Wenn Kinder Infekte durchmachen, wachen sie in der Nacht oft auf. Dann müssen ihre Eltern nachts aufstehen, um sich um ihre unruhigen, fiebernden und weinenden Kinder zu kümmern. Der Schlafmangel führt in der ganzen Familie zu Stress.

Tagsüber geht es auch noch hektisch zu: Eltern geraten unter Druck, wenn sie schnell die Betreuung für ihre kranken Kinder organisieren, weil sie wegen ihrer Arbeit außer Haus müssen.

Auf der Suche nach Rat finden die Eltern im Internet Hunderte von möglichen Ideen und Vorschlägen, was bei Fieber, Husten und Schnupfen, Übelkeit und Magen-Darm-Infekten zu tun ist. Auch an Warnungen, was alles passieren kann, fehlt es nicht.

So wird ein ganz normaler Schnupfen schnell als drohende Lungenentzündung interpretiert. Statt abzuwarten und Tee zu trinken, wird mindestens eine Darmsanierung, eine Wirbelsäuleneinrenkung oder eine Allergiekontrolle in Erwägung gezogen. Und nach dem dritten Infekt sind die besorgten Eltern sicher, dass irgendetwas chronisch zu werden droht.

Aber damit nicht genug. Stress kommt auch von anderen. Der Arbeitgeber brummt, weil Vater und Mutter später kommen oder früher gehen müssen, um die Betreuung sicherzustellen. Familienmitglieder, Nachbarn und Freunde sagen: »Das kann doch nicht sein, da stimmt doch etwas nicht. Da muss jetzt endlich etwas passieren! Ihr haltet das nicht mehr lange durch. Schaut mal, wie ihr ausseht, völlig fertig.«

Dieser Druck, vor allem, wenn sich die Infekte wiederholen und über längere Zeit anhalten, ist für manche Eltern so schwer auszuhalten, dass sie depressiv werden oder Angststörungen entwickeln. Oft habe ich völlig erschöpfte und antriebslose Eltern in meiner Praxis sitzen, während das Kind schon auf dem Weg der Besserung ist.

Auch die Beziehung der Eltern kann unter dieser Situation leiden. Es wird mehr gestritten als sonst und permanent aufgerechnet, wer was macht und wer erschöpfter ist.

Kranke Kinder fühlen sich meistens unwohl. Sie brauchen dann Wärme, Liebe und Zuneigung. Medikamente und gute Ernährung reichen nicht. Wenn Eltern ein krankes Kind in den Arm nehmen und streicheln, ihm Geschichten erzählen oder ihm vorsingen, fühlt sich das Kind geborgen und sicher.

Das Mittelhirn produziert dann Bindungs- und Glückshormone statt Stresshormone, was die Genesung des Kindes fördert.

Wenn die Eltern unausgeglichen, gestresst oder deprimiert sind, spürt es das Kind. Es beginnt dann, sich schlecht zu fühlen, vielleicht benimmt es sich auch schlecht oder verhält sich auffällig. Auch die Beziehung zu seinen Eltern kann darunter leiden.

Der Körper aber ist wegen der Erkrankung ohnehin schon gestresst.

Wenn die Eltern Sorge und Angst empfinden, veranlasst ihre Amygdala die Ausschüttung von Stresshormonen.

Diese haben eine negative Wirkung auf das Immunsystem. Immer mehr Forschungsergebnisse zeigen, dass bestimmte Faktoren, die für die Immunabwehr wichtig sind, durch anhaltenden Stress beeinträchtigt werden können.

Durch ihr Verhalten übertragen die Eltern den Stress unbewusst auf das kranke Kind. Studien zufolge können schon Kleinkinder anhand der Gesichtszüge und der Stimme ihrer Eltern spüren, wenn Stress vorhanden ist. Jede zusätzliche Form der Belastung aber schwächt die Selbstheilungskräfte des Kindes.

Deshalb ist es besser, wenn Eltern sich Gedanken machen, wie sie ihre – in den meisten Fällen unbegründeten – Sorgen und Ängste loswerden und ihren Stresspegel senken. Denn so helfen sie auch ihrem kranken Kind. Klären Sie bei der Kinderärztin ab, ob Ihr Kind eine behandlungsbedingte Erkrankung hat.

Wenn eine ernsthafte Erkrankung ausgeschlossen ist, können Eltern dem Kind entspannt beim Gesundwerden zusehen. Wenn die Entspannung schwerfällt und weiterhin Sorgen bestehen, hilft Ihnen *Beneficial Thinking*.

So werden wir immun

Das menschliche Abwehrsystem ist bei der Geburt noch unreif, es entwickelt sich aber fast vollständig innerhalb der ersten vier Wochen. Dafür sorgen unter anderem Keime. Den ersten begegnet das Baby bereits im Geburtskanal. Danach gelangen sie – hauptsächlich durch den Mund und den Nasenraum – in den Körper des Kindes.

Ohne dass die Eltern es merken, setzt sich das Immunsystem ihres Kindes täglich mit den verschiedensten neuen Keimen auseinander. Teile dieser Keime nisten sich zum Beispiel im Mund und Rachenraum ein oder auch auf der Haut. Das ist ganz normal. Sie gehen dort eine Art Symbiose ein – das bedeutet letztlich, dass sie weiterleben, ohne zu stören.

Das Immunsystem erkennt diese Keime als harmlos und bekämpft sie nicht. Manche Keime haben sogar wichtige Funktionen und werden Teil des Immunsystems, wie zum Beispiel die Darmbakterien. So unterscheiden Abwehrzellen schon früh zwischen krankheitsauslösenden und harmlosen oder sogar nützlichen Keimen.

Weil sich der Körper von Kleinkindern ständig verändert – allein durch das Wachsen oder auch das Zahnen –, können Keime leicht eindringen und zu Infektionskrankheiten führen. Das Immunsystem bekämpft sie dann. Es entwickelt dabei spezielle Antikörper gegen die Keime. Diese Antikörper sind wie kleine Soldaten, die den Feind direkt erkennen und ihn beim nächsten Infekt sofort angreifen, bevor er Schaden anrichten kann. So werden wir immun gegen viele Krankheiten.

Putzen und desinfizieren? Falsch!

Manche Eltern sind der Meinung, dass höchste Sauberkeit ihre Kinder vor Krankheiten schützt. Diese Annahme ist falsch!

Es ist wichtig, dass Kinder in einer sauberen Umgebung

aufwachsen. Das Desinfizieren der Wohnung sowie permanentes Putzen bringen allerdings nichts.

Es bringt auch nichts, die Kinder vor allen Quellen von Infektionen panisch beschützen zu wollen. Viele Eltern lassen ihre Kinder nicht auf fremde Toiletten gehen. Sie sollen ihre Hände nicht nur waschen, sondern auch desinfizieren. Sie dürfen nicht mit Jungen oder Mädchen spielen, die auch nur den Hauch einer Erkältung haben. Und sie sollen lieber zu Hause bleiben, wenn im Kindergarten Läusealarm herrscht.

Diese übertriebenen hygienischen Maßnahmen sind nicht nur überflüssig, sie behindern die Kinder sogar in ihrer natürlichen Entwicklung. Denn eine übermäßig desinfizierte Umgebung macht Kinder im Lauf der Zeit eher anfällig für allergische Erkrankungen, weil das Immunsystem überempfindlich wird.

Halten Sie die Umgebung des Kindes sauber, aber in einem normalen Maß. Vertrauen Sie darauf, dass Ihr Kind selbst mit der Welt der Keime klarkommt.

Macht Kälte krank?

Ob das Kind seinen Schal zu Hause vergessen hat oder auf dem kalten Fußboden krabbelt, immer wieder hört es: Zieh schnell etwas an, sonst wirst du krank. Fakt ist: Am Ende ist es nicht die Kälte, die Kinder krank macht, sondern es sind Keime wie Viren oder Bakterien.

Viren vermehren sich allerdings am besten, wenn es kalt ist. Tatsächlich greifen Sie gern Kinder an, wenn diese sich in einer eher kühlen und feuchten Umgebung aufhalten, insofern gibt es einen Zusammenhang zwischen Kälte, Erkältung und Viren: Kälte begünstigt die Entstehung von Erkältungen, löst sie aber nicht direkt aus. Ihr Kind erkältet sich also nicht automatisch, wenn es mal seinen Pullover vergisst oder im Regen nass wird.

IMPFUNGEN

Was sind Impfungen?

Ein Impfstoff ist ein abgeschwächter oder toter Erreger oder ein Teil eines krank machenden Erregers, der auf gentechnischem Wege hergestellt wird.

Erreger sind Bakterien oder Viren, und der Impfstoff dagegen wird »Antigen« genannt. Meist werden sie in den Muskel gespritzt, heute in der Regel am Oberschenkel oder Oberarm. Manche wenige Impfungen können auch als Tropfen geschluckt werden (Schluckimpfungen).

Das Immunsystem erkennt das Antigen als Krankheitserreger und produziert Antikörper gegen ihn. Diese Antikörper sind wie kleine Soldaten, die mehrere Jahre lang in unserem Körper leben und erst dann aktiv werden, wenn der Erreger, gegen den sie spezifisch gerichtet sind, auftaucht. Sie beschützen uns also vor bestimmten Krankheiten, wenn die uns auf natürlichem Wege erwischen. Da die Lebensdauer dieser Antikörper unterschiedlich ist, empfiehlt es sich in bestimmten Abständen, Auffrisch-Impfungen durchzuführen.

Nehmen wir als Beispiel den Masern-Virus. Dieser Virus wird als Schutzimpfung in einer abgeschwächten Form in den Muskel gespritzt. Der Körper entwickelt dann gegen den Masern-Virus Antikörper. Sie bleiben mehrere Jahre im Körper. Im Laufe der Zeit nimmt die Zahl der Antikörper langsam ab, ihre Menge kann in großen Abständen durch Auffrisch-Impfungen wieder angehoben werden. Dringen später einmal krank machende »wilde« Maser-Viren in den Körper ein, erkennt das Immunsystem die Viren gleich und der Körper ist sofort in der Lage, mit seinen Antikörpern einen wirksamen Schutz zu bilden. Wir tricksen unseren Körper also mit einer kleinen Dosis aus, und der Körper macht den Rest.

Den Anstieg der Lebenserwartung in den vergangenen 50 Jahren haben wir sicherlich zu einem großen Anteil auch den Schutzimpfungen zu verdanken. Wohl keine andere Präventionsmaßnahme hat in der Geschichte der Medizin so einen großen Fortschritt ermöglicht wie Schutzimpfungen.

Die Grundimmunisierung wird ab der achten Lebenswoche empfohlen. In Deutschland gibt es dazu Empfehlungen von der Ständigen Impfkommission am Robert-Koch-Institut (STIKO).

Häufigste Fragen zu Impfungen

Die meisten Eltern lassen ihre Kinder impfen, und ein Großteil der Kinder hat damit einen ausreichenden Impfschutz. Aber es gibt immer wieder Eltern, die den Sinn von Impfungen kritisch hinterfragen. Und es gibt – wie bei jedem medizinischen Thema – einige Gegner, die sich den

Kampf gegen diese Schutzmaßnahme zur Lebensaufgabe gemacht haben.

So werden die Eltern über die Medien, vor allem im Internet, ständig mit Meinungen von Impfgegnern konfrontiert. Ein solcher ständiger Strom an Empfehlungen und Warnungen erschwert es, sich eine eigene Meinung zu bilden.

Hier folgen ein paar der am häufigsten gestellten Fragen:

Ist die erste Impfung nach acht Wochen zu früh?

Das Immunsystem eines Neugeborenen ist nach ungefähr vier Wochen vollständig entwickelt und funktionsfähig. Eine mehrfache Impfung überbeansprucht das Immunsystem des Säuglings nicht, im Gegenteil: Nur durch ständigen und wiederholten Kontakt mit Erregern baut sich das Immunsystem des Kindes auf.

Die Annahme ist falsch, dass kleine Babys Impfungen schlechter vertragen als größere Kinder. Was wiederum Fakt ist: Säuglinge und Kleinkinder kommen mit bestimmten Krankheitserregern viel schlechter klar als ältere Kinder. Frühzeitige Impfungen verschaffen hier einen zusätzlichen Schutz!

Kinder haben ungefähr bis zum dritten Lebensmonat noch Antikörper gegen Krankheiten wie Masern, Mumps, Röteln und Windpocken von der Mutter im Blut. Wir nennen das auch Nestschutz. Nach ungefähr drei Monaten verfallen diese Antikörper und das Kind verliert seinen Schutz.

Gegen manche Krankheiten wie Keuchhusten gibt es allerdings nur selten einen Nestschutz. Da Säuglinge, die jünger als sechs Monate sind, auf Keuchhusten mit Atemstillstand reagieren, empfiehlt sich die Grundimmunisierung schon ab der achten Lebenswoche.

Impfungen sollen so früh wie möglich gegen Krankheiten vorbeugen, weshalb man sie am besten so früh wie möglich vornimmt. Es weiß ja niemand, wann die Krankheit unser Kind eventuell heimzusuchen droht.

Dementsprechend wird in vielen Ländern zum Beispiel die Tuberkulose-Impfung schon direkt nach der Geburt verabreicht. Diese Impfung wird in Deutschland zwar nicht mehr empfohlen. Allerdings erhalten Babys, bei deren Mutter der Virus Hepatitis B während oder vor der Schwangerschaft nachgewiesen wurde, eine Hepatitis-B-Impfung kurz nach der Geburt. Sie soll die Erreger am Ausbreiten und die Krankheit am Ausbrechen hindern.

Warum gleich mehrere Impfstoffe in einer Spritze? Ist das nicht gefährlich?

Kinder genießen heute den Vorteil, gegen mehr Krankheiten geimpft zu werden als vor 20 Jahren. Dabei werden viele Impfstoffe kombiniert in einer Spritze verabreicht. Für die Grundimmunisierung empfiehlt die STIKO, gegen folgende Krankheiten beziehungsweise Erreger zu impfen: Tetanus, Diphtherie, Kinderlähmung *(Polio)*, Keuchhusten *(Pertussis)*, Hib-Infektion *(Hemophilus Influenzae B)*, Hepatitis, Pneumokokken und Rotavirus.

Es gibt einen sogenannten Fünffach-Impfstoff gegen Tetanus, Diphtherie, Kinderlähmung, Hemophilus Influenzae B und Keuchhusten. Je nach Bedarf kommt bei der Kombination noch ein Impfstoff gegen Hepatitis B hinzu.

Eine häufig gestellte Frage ist, ob das Immunsystem der Säuglinge durch so viele Impfstoffe belastet werden kann.

Die Antwort ist eindeutig nein. Diese Kombinationen aus Impfstoffen werden inzwischen seit mehreren Jahren regelmäßig verabreicht, und es gibt keinen haltbaren Hinweis dafür, dass das Immunsystem der Säuglinge dadurch in ernsthafte Bedrängnis gebracht wird.

Müssen wir vor den Konservierungsmitteln in den Impfstoffen Angst haben?

Impfstoffe beinhalten unter anderem Stoffe wie Formaldehyd, was dazu dient, die Impfviren abzutöten, oder Phenole, die den Impfstoff länger haltbar machen. Die Konzentration dieser Substanzen ist allerdings so gering, dass keine Gesundheitsgefahr besteht. Die meisten Impfstoffe beinhalten inzwischen keine quecksilberhaltigen Konservierungsmittel mehr.

Können Kinder Kinderkrankheiten nicht einfach selbst durchmachen, sodass ihr Immunsystem einen gesunden Schutz aufbaut?

Impfstoffe wurden erfunden, weil das Leiden der Menschen durch bestimmte Krankheiten sehr groß war. Kinder starben an Pocken, Keuchhusten oder Masern, sie bekamen Kinderlähmung. Natürlich kann unser Immunsystem gegen Krankheiten kämpfen, aber wir wissen auch, dass viele Kinder den Kampf verlieren.

Die Impfungen haben die Kindersterblichkeit deutlich verringert und Krankheiten sind zurückgegangen. Vorsorge ist immer besser als ein Krankheitszustand, der behandelt werden muss.

Außerdem zeigt die Realität, dass Kinder immer noch ausreichend Infekte und Krankheiten bekommen, um ihr

Immunsystem zu stärken. Denken Sie nur einmal an die Erkältungskrankheiten im Herbst und Winter.

Schützt Stillen nicht ausreichend vor den Kinderkrankheiten?

Muttermilch enthält mehrere Immunstoffe, die dem Neugeborenen einen bestimmten Schutz geben gegen krank machende Keime. Diese Stoffe sind in erster Linie wirksam gegen Keime, die Infekte der oberen Luftwege verursachen. Die Muttermilch bietet aber keinen Schutz gegen Kinderkrankheiten.

Was wir Nestschutz nennen, sind diejenigen Antikörper, die das Neugeborene von seiner Mutter über die Nabelschnur vor der Geburt erhalten hat. Wie oben erwähnt, schützen diese Antikörper das Kind gegen verschiedene Kinderkrankheiten, die die Mutter einmal durchgemacht hat. Diese Antikörper schützen das Baby in den ersten Wochen seines Lebens und sind dafür da, dass das Baby einen guten Start bekommt. Sie verfallen allerdings nach kurzer Zeit und verlieren ihre Wirkung ungefähr drei Monate nach der Geburt!

Das Kind kann erst dann eigene Antikörper bilden, wenn es in Kontakt mit den jeweiligen Krankheitserregern kommt – oder mit den entsprechenden Impfstoffen.

Sind Impfungen eine Verschwörung der Pharmaindustrie?

Natürlich arbeiten Unternehmen der Pharmaindustrie gewinnorientiert. Gleichzeitig sind Wissenschaftlerinnen und Wissenschaftler aber daran interessiert, wie Krankheiten besser bekämpft werden können. In der Regel führt das Forschungsinteresse ebenso zu Gewinnen wie zu verbesserter Gesundheit. So in aller Regel auch bei Impfungen, einer der besten Errungenschaften der modernen Medizin: Sie sind aus der Not der Menschheit heraus entwickelt worden. Die Pharmaindustrie hat sie nicht etwa in einen gesättigten Markt gepresst, sondern sie haben eine enorm wichtige Lücke in der Gesundheitsversorgung geschlossen.

Haben Impfstoffe Nebenwirkungen?

Für alle Medikamente oder Impfstoffe, die eine Wirkung haben, gilt: Sie haben auch Nebenwirkungen. Insofern ist die Antwort auf diese Frage: Ja. Die meisten Kinder vertragen Impfungen zwar problemlos. Aber jeder Impfstoff kann auch einmal Nebenwirkungen zeigen.

Neben allgemeinen Nebenwirkungen, die bei den meisten Impfstoffen zu erwarten sind, haben einzelne Impfstoffe spezifische und individuelle Nebenwirkungen. Letztere sind meist sehr selten, sie können auf der Internetseite der Ständigen Impfkommission des Robert Koch-Instituts (STIKO, www.rki.de) und der des Paul-Ehrlich-Instituts (www.pei.de) nachgelesen werden. Beide Seiten haben ausführliche und wissenschaftlich fundierte Informationen rund um das Thema Impfung und zugelassene Impfstoffe.

Im Folgenden geht es um die allgemeinen Nebenwirkungen:

Fieber gehört zu den häufigsten Nebenwirkungen, die nach einer Impfung auftreten. Das Fieber kann von 38,5 Grad Celsius bis über 40 Grad Celsius steigen. Eltern werden darüber vor der Impfung aufgeklärt und erhalten gleichzeitig ein Rezept für fiebersenkende Medikamente wie Paracetamol oder Ibuprofen.

Mit solchen Arzneimitteln sollten Eltern das Fieber allerdings erst dann senken, wenn die Temperatur über 39 Grad Celsius hoch ist. Denn eine frühzeitige Senkung des Fiebers könnte die Immunantwort des Körpers beeinträchtigen. Das Immunsystem bewirkt mit der Erhöhung der Körpertemperatur, dass es besser arbeiten kann. Wer Fieber bekommt – das ist die positive Seite daran –, hat also in der Regel auch ein gut funktionierendes Abwehrsystem (siehe auch nächstes Kapitel).

Eine **lokale Reaktion** mit Schwellung und Rötung an der Impfstelle wird auch regelmäßig beobachtet. Diese Schwellung ist oft überwärmt und pocht, eine Kühlung mit einem feuchten Lappen kann die Symptomatik lindern.

Häufig bleibt dort, wo die Rötung war, eine kleine Schwellung, sie kann bis zu acht Wochen nach der Impfung tastbar bleiben.

Bei Masern-, Mumps- und Röteln-Impfstoffen können zusätzlich zu Fieber und lokalen Schwellungen **kleinfleckige Ausschläge** über die ganze Haut verteilt auftreten. Diese Flecken haben mit einer echten Erkrankung nichts zu tun, sie sind vielmehr ein Zeichen der guten Immunantwort des Kindes.

Die oben beschriebenen Nebenwirkungen sind nicht gefährlich und verschwinden in absehbarer Zeit wieder. Wenn überhaupt welche auftreten, sind es in der Regel diejenigen, die ich oben geschildert habe. Falls hier nicht beschriebene andere unklare Symptome nach der Impfung auftreten, sollten Sie umgehend Ihren Arzt konsultieren.

Ausführliche Informationen zum Thema Impfung und die von der STIKO empfohlenen Impfungen erhalten sie auf der Internetseite des Robert Koch-Instituts (rki.de) unter der Rubrik Infektionsschutz / Impfung.

FIEBER

Was ist Fieber?

Fieber ist ein Symptom und das häufigste Krankheitszeichen bei Kindern. Es ist ein Zeichen für die beschleunigte und verstärkte Arbeit des Immunsystems und des Stoffwechsels.

Der Körper reagiert mit Fieber auf krank machende Keime oder Giftstoffe. Fieber im Kindesalter wird am häufigsten durch Virusinfektionen verursacht. Die normale Körpertemperatur schwankt zwischen 36,1 Grad Celsius und 37,8 Grad Celsius. Temperaturen über 37,8 Grad Celsius werden als erhöhte Temperatur bezeichnet, bei Temperaturen über 38,5 Grad Celsius spricht man von Fieber.

Kinder fiebern viel häufiger und höher als Erwachsene. Allgemein wird empfohlen, Fieber ab 39 Grad Celsius zu senken, aber auch nur, wenn es dem Kind dabei schlecht geht. Es gibt tatsächlich Kinder, die trotz hohen Fiebers spielen, essen und trinken und nicht den Eindruck vermitteln, dass sie schwer krank sind. Dann kann zunächst abgewartet werden.

Fieber kann zu Begleiterscheinungen wie Kopfschmerzen, Erbrechen, Schwindel, Glieder- oder Gelenkschmerzen führen. Dazu kommen noch die jeweiligen Symptome der Krankheit, die das Fieber ausgelöst hat.

Erscheint das Kind krank – was sich vor allem durch Zeichen wie Müdigkeit, Abgeschlagenheit und Appetitlosigkeit äußert – und hat es Temperaturen über 39 Grad Celsius, sollte ein Fiebermittel in Form eines Saftes oder Zäpfchens verabreicht werden. Zwischen den Gaben wird ein Abstand von mindestens sechs Stunden empfohlen, weil die marktüblichen Medikamente Paracetamol und Ibuprofen bei gehäuftem Gebrauch der Leber schaden.

Die Empfehlung, die Wirkstoffe abzuwechseln und häufiger zu geben, ist nicht sinnvoll, da so die Belastung der Leber kaum gesenkt wird.

Kinder mit Fieber schwitzen viel und verlieren viel Wasser über die Haut, weshalb sie viel trinken sollten!

Alternativ zu Fiebermitteln können auch Maßnahmen wie Wadenwickel erwogen werden. Wichtig ist, dass die Wickel nicht kalt sind, sondern mindestens 37 Grad Celsius warm sein sollten. In seltenen Fällen kann ein Ganzkörperbad genommen werden. Auch hier soll die Wassertemperatur nicht unter 37 Grad Celsius liegen.

Kinder und Jugendliche sollten keine Acetylsalicylsäure, also Medikamente wie Aspirin, zum Fiebersenken oder Schmerzlindern nehmen! Das Medikament kann bei Infektionen durch Viren schwerwiegende Komplikationen auslösen wie das sogenannte Reye-Syndrom, eine schwere Schädigung von Hirn und Leber.

Fieber wird bei Säuglingen oft rektal gemessen, also im Po.

Inzwischen gibt es zuverlässige digitale Fieberthermometer, die das Fieber im Ohr oder an der Stirn messen. Das ist ein Segen vor allem für die älteren Kinder, da hier das Fiebermessen im Po oft als sehr unangenehm empfunden wird.

Fieberkrampf

Manche Kinder erleiden im Rahmen eines fieberhaften Infektes einen Fieberkrampf. Dieser ähnelt einem epileptischen Anfall: Die Kinder werden plötzlich bewusstlos, verdrehen die Augen und zucken mit den Gliedmaßen, ihre Gesichtsfarbe wird dabei blass oder gar bläulich, und manchmal haben sie Schaum vor dem Mund.

Der Anfall dauert wenige Minuten. Wenn es so weit kommt, ist das Fieber in der Regel hoch. Ein Fieberkrampf ist erschreckend und furchtbar anzusehen, natürlich besonders für die Eltern. Glücklicherweise ist ein Fieberkrampf aber am Ende eine relativ harmlose Sache.

Kinder zwischen sechs Monaten und drei Jahren sind am häufigsten betroffen, und nicht selten hat auch ein Elternteil als Kind selbst einen Fieberkrampf erlebt.

Was Eltern tun können

Beim ersten Mal ist der Schreck so groß, dass Sie direkt den Notarzt rufen sollten. Fieberkrämpfe können sich wiederholen.

Kinder, die einen solchen Krampf erlebt haben, sollten künftig ab einer Temperatur von 38,5 Grad Celsius fiebersenkende Mittel einnehmen. Dazu werden für den Notfall antiepileptische Mittel wie Valium-Zäpfchen verschrieben.

Falls Eltern keine Medikamente in der Nähe haben und mit so einem Anfall konfrontiert sind, können sie ebenfalls den Notarzt rufen.

Was Eltern lassen können

Angst und Panik sind beim ersten Mal verständlich, sollten aber nach dem ersten Krampf nicht mehr das Verhalten bestimmen. Besser ist ein guter Plan: Das Fieber künftig rechtzeitig senken – und falls es zu weiteren Anfällen kommt, das Notfallmedikament verabreichen.

Ein Fieberkrampf ist in der Regel kein Indiz für eine grundlegende Störung, daher ist bei einem einmaligen Ereignis auch eine übertriebene Diagnostik unangemessen. Nach einem Krampfanfall wird das Kind in der Regel nur kurz im Krankenhaus beobachtet und kann die Klinik bald wieder verlassen, wenn keine zusätzlichen Probleme auftreten. Abklärungen können notfalls später ambulant erfolgen.

DIE HÄUFIGSTEN INFEKTIONSKRANKHEITEN IM KINDESALTER

In den folgenden Abschnitten erläutere ich einige der häufigsten Erkrankungen, die Kinder in jungen Jahren durchmachen. Zusätzlich zu den Erklärungen gibt es wieder einige Tipps, was Eltern tun können, was Eltern vielleicht lassen sollten, und einige Empfehlungen aus der Pflanzenheilkunde. Dazu schlage ich Ihnen passende Übungen aus dem Kapitel *Beneficial Thinking* vor, mit denen Sie Sorgen und Stress reduzieren können. Natürlich können Sie auch andere Strategien auswählen, wenn Ihnen diese mehr zusagen.

Die Neugeborenen-Bindehautentzündung (Neugeborenen-Konjunktivitis)

In den ersten Tagen nach der Geburt fallen Babys oft durch ein zunehmend tränendes und verklebtes Auge auf. Manchmal sind auch beide Augen betroffen.

Grund dafür sind verstopfte oder zu enge Tränenkanäle: Tränen werden durch diese winzigen Kanäle vom Auge in Richtung Nasenschleimhaut geschleust und dort abgeleitet.

Bei manchen Babys sind diese winzigen Kanäle anfangs noch sehr schmal und eng, oder sie sind verstopft mit Schleim, was im betroffenen Auge zu ständigem Tränen und zur Verklebung führt.

Wenn das Baby wächst, dann wächst der Kanal ebenfalls, und die Tränen können besser abfließen. Diese Erweiterung kann ein paar Monate dauern. Wenn es bis dahin zu Tränen und Verklebung durch eine Verengung oder Verstopfung kommt, ist das medizinisch grundsätzlich nicht besorgniserregend. Die Augen sind in dieser Zeit nicht gefährdet.

Manchmal gelingt es zwar Bakterien, sich in der gestauten Tränenflüssigkeit zu vermehren, dann entsteht eine bakterielle Bindehautentzündung. Das Auge ist in diesem Fall stark gerötet und geschwollen, das Sekret ist trüb und grüngelb. Eine solche bakterielle Konjunktivitis führt oft zu der Angst, dass die Infektion das Sehvermögen und das ganze Auge gefährden kann.

Diese Annahme ist aber unbegründet. Sie erhalten bei einer bakteriellen Entzündung antibiotische Augentropfen vom Kinderarzt.

Ob eine Kanalverengung oder eine bakterielle Infektion – es gibt keinen Grund zu Sorge. Das Problem löst sich in der Regel nach ein paar Monaten von selbst, wenn die Tränenkanäle größer geworden sind.

Was Eltern tun können

Das Sekret, das sich um das verklebte Auge ansammelt, können Eltern mit einem sauberen, warmen, feuchten Tuch vorsichtig entfernen.

Zusätzlich hilft eine Nasenspülung mit Kochsalzlösung. Entsprechende Nasentropfen erhält man ohne Rezept in der Apotheke. Durch die Nasenspülung schaffen es Eltern manchmal, die Tränenkanäle mitzuspülen.

Falls sich die Augen dennoch bakteriell entzünden, sind antibiotische Augentropfen zu empfehlen. Die Diagnose dazu wird vom Kinderarzt gestellt, er verschreibt dann die antibiotischen Augentropfen. Diese müssen in der Regel über fünf Tage verabreicht werden.

Was Eltern lassen können

In manchen ominösen Ratgebern und Foren wird für Augenspülungen Muttermilch empfohlen. Sie ist aber nicht dafür geeignet, da sie einen guten Nährboden für Bakterien bietet.

BT-Tipp: *Ein rettender Gedanke*

Viele Eltern haben Angst, dass die Konjunktivitis die Sehkraft und die inneren Teile des Auges angreifen und schädigen kann. Diese Furcht ist unbegründet. Die Augen lassen sich gut behandeln und sind in der Regel nach zwei bis drei Tagen wieder geheilt. Wenn Eltern sich allerdings große Sorgen machen, können sie sich an einen persönlichen Rettungsgedanken halten (siehe Seite 66), um zu verhindern, dass aus Sorgen Panik wird, die das Kind stresst.

Pflanzenheilkunde

Augentrostkraut (Euphrasia herba), Augentropfen und Spülungen, Chamomilla-Augenspülung. Die Tropfen und Spülungen erhalten Sie in der Apotheke, sie müssen frei von Keimen sein. Voraussetzung dafür ist, dass sie zuvor nicht geöffnet wurden. Andernfalls sind sie für die Behandlung von Bindehautentzündungen nicht geeignet.

Entzündung der Mundschleimhaut *(Stomatitis Aphthosa)*

Eine Entzündung der Mundschleimhaut im Kindesalter ist in der Regel harmlos. Sie wird in erster Linie durch Viren verursacht. Einer der häufigsten Viren ist der Herpes-Simplex-Virus. Anders als bei Erwachsenen kommt er nicht nur auf der Lippe, sondern auch im Bereich der Mundschleimhaut häufig vor. Die betroffenen Kinder entwickeln kleine Bläschen auf der Mundschleimhaut, die auch Aphten genannt werden.

Diese Aphten können auch auf der Zunge oder im Rachenraum auftreten. Sie sind leider etwas schmerzhaft und verursachen Schluckbeschwerden. Deshalb sind die Kinder oft schlapp, unausgeglichen und nörgelig, verweigern die Aufnahme von Nahrung, weil ihnen das Schlucken wehtut. Obwohl die Krankheit harmlos ist, können die Symptome teilweise besorgniserregend wirken. Die Mundschleimhautentzündung wird oft von hohem Fieber begleitet.

Was Eltern tun können

Für die *Stomatitis Aphtosa* wird nur eine symptomatische Behandlung empfohlen. Es gibt keine bestimmten Medikamente, mit denen die Aphten sofort verschwinden.

Die symptomatische Behandlung umfasst vor allem Schmerzmittel mit betäubenden Wirkstoffen. Diese können als Gel direkt auf die Zunge und die Mundschleimhaut aufgetragen werden, am besten vor den Mahlzeiten. Das Rezept erhalten Eltern bei der Kinderärztin. Bei starken Schmerzen und Fieber können Ibuprofen oder Paracetamol auch als Zäpfchen verabreicht werden.

Kinder sollten während einer Entzündung der Mundschleimhaut eher weiche Nahrungsmittel wie Püree, Brei und Suppen zu sich nehmen, auch Joghurt, kalte Getränke, Smoothies und auf jeden Fall Speiseeis sind zu empfehlen.

Was Eltern lassen können

Die *Stomatitis Aphtosa* wird über Körperflüssigkeiten übertragen. Deshalb sollte der Schnuller nicht an andere Kinder weitergegeben werden. Der Verlauf ist zwar manchmal anstrengend, aber harmlos – es gibt keinen Grund zur Sorge.

Pflanzenheilkunde

Kamillentee oder Salbeitee in Zimmertemperatur können mit einer Spritze in den Mund verabreicht oder mit einem Wattestäbchen auf die Aphten gepinselt werden.

BT-Tipp: *Ein rettender Gedanke*

Die Krankheit ist harmlos. Sie brauchen sich keine Sorgen zu machen. Erinnern Sie sich an Ihren persönlichen Rettungsgedanken (siehe Seite 66).

Mundsoor

Der Mundsoor ist ebenfalls eine Mundschleimhaut-Entzündung, wird aber durch Pilze verursacht. Mundsoor kommt häufiger bei neugeborenen Babys vor. Die Mundschleimhaut und die Zunge sind weißlich belegt. Das Baby saugt dann nicht mehr so gut, weil es beim Saugen Schmerzen empfindet.

Eine Behandlung ist auch deshalb empfehlenswert, weil sich die Mutter sehr häufig beim Stillen ansteckt und die Brustwarzen wund werden.

Was Eltern tun können

Als Therapie gibt es verschiedene verschreibungspflichtige Medikamente mit den Inhaltsstoffen Nystatin oder Miconazol, die als Gel auf die Zunge und auf die Mundschleimhaut aufgetragen werden. Wichtig ist auch die Behandlung der Brustwarzen der Mutter, wenn das Baby noch gestillt wird.

Es ist empfehlenswert, nach jedem Stillen ein wenig Gel auf die Zunge des Babys sowie auf die Brustwarzen der Mutter aufzutragen.

Was Eltern lassen können

Der Mundsoor ist harmlos, Eltern brauchen sich keine Sorgen zu machen. Die Behandlung mit dem Mundgel ist unbedenklich. Von einer Behandlung mit Kräutertinkturen, die vor allem Alkohol enthalten und auf der Zunge brennen, ist abzuraten. Sie tun dem Baby nur noch mehr weh.

Pflanzenheilkunde

Unterstützend können Sie den Mund des Babys mit Kamillenblüten- oder Heidelbeeren-Tee spülen.

Hand-Mund-Fuß-Krankheit

Die Hand-Mund-Fuß-Krankheit ist eine relativ harmlose, aber hochansteckende Virusinfektion. Sie wird auch oft als die falsche Maul- und Klauenseuche bezeichnet (betroffen sind Hände, Mund und Füße).

Die betroffenen Kinder entwickeln anfangs Fieber, Halsschmerzen, Gliederschmerzen und Appetitlosigkeit. Bald folgen schmerzhafte Rötungen und Aphten am Gaumen, im Rachenraum und auf der Zunge. In manchen Fällen sind auch das Zahnfleisch sowie der komplette Rachenraum betroffen. Dazu entwickeln die Kinder einen Ausschlag mit kleinen Bläschen um den Mund herum, auf beiden Handflächen und auch auf den Fußsohlen, daher kommt auch der Name der Virusinfektion. Andere Körperteile wie der Windelbereich oder der Brustkorb können ebenfalls betroffen sein.

Die Krankheit kann bis zu zwei Wochen anhalten. Sie sorgt oft für Chaos in den Kindergärten, weil sie hochansteckend ist. Der Virus wird über den Speichel oder das Sekret in den Bläschen der Handinnenflächen weiter verbreitet. Deshalb sind Kinder auch so lange ansteckend, bis die Bläschen austrocknen. Die Hand-Mund-Fuß-Krankheit kann viele verschiedene Erscheinungsformen haben. Viele Kinder machen die Krankheit durch, ohne dass ihre Eltern es überhaupt merken.

Was Eltern tun können

Als symptomatische Behandlung werden in der Regel Schmerzmittel und Mundgels mit Betäubungsmitteln empfohlen.

Das Immunsystem des Kleinkindes kann die Krankheit ohne Hilfe besiegen. Die Hauptprobleme – die unruhigen Nächte und die Nahrungsverweigerung – kommen durch die schmerzhaften Aphten im Mund. Eltern sollten darauf achten, dass ihr Kind ausreichend Flüssigkeit bekommt. Da in der Regel die Zunge und der Rachenraum schmerzhaft entzündet sind, empfehlen sich auch hier gekühlte Getränke, Joghurt und Speiseeis. Falls die Bläschen auf der Haut sehr ausgeprägt sind, können sie auch mit zinkhaltiger Lotion betupft werden.

Was Eltern lassen können

Die Hand-Mund-Fuß-Krankheit ist zwar hochansteckend und kann heftig verlaufen, aber am Ende überstehen die Kinder die Krankheit normalerweise problemlos. Die Krankheit ist nicht gefährlich und es gibt keinen Grund zu Sorgen, Angst oder Panik.

Pflanzenheilkunde

Die Bläschen im Mund können mit Kamillentee oder Salbeitee betupft und bespült werden.

BT-Tipp: *Denkpause einlegen, Fokus-Wort*

Kaum ein harmloser Virus beschäftigt Eltern so sehr wie die Hand-Mund-Fuß-Krankheit. Weil die Krankheit so einen schlechten Ruf hat, muss ich Eltern oft erklären, dass sie sich keine Sorgen machen müssen. Ein gutes Stress-Management ist es, dankbar zu sein, dass das Kind schnell wieder gesund und munter sein wird und die Krankheit problemlos selbst besiegen kann. Wenn die Sorgen sich nicht abstellen lassen, ist ein Fokus-Wort wie »Danke« hilfreich (siehe Seite 76). Eltern könnten zum Beispiel den Satz »Danke, dass nichts Schlimmes passiert ist« mehrfach wiederholen.

Schnupfen *(Rhinitis)*

Die Nase ist der erste Angriffspunkt für Krankheitserreger. Keime gelangen durch die eingeatmete Luft in die Nasenschleimhaut. Stunden bis Tage später fangen die Kinder an zu niesen, und die Nasenschleimhaut produziert dünnflüssiges bis eitriges Sekret, das aus der Nase fließt. Gelingt es den Viren jedoch, in der Nasenschleimhaut zu bleiben, schwillt diese an und produziert viel Schleim, um die Eindringlinge hinauszuspülen. Die kleinen Härchen in der Nasenschleimhaut helfen dabei, die toten Zellen und den Restschleim nach draußen zu leiten.

Solange die Flüssigkeit klar ist, empfinden Eltern den Schnupfen noch als harmlos. Wird der Schleim jedoch dickflüssig, gelblich oder leicht grünlich und erinnert in seiner Konsistenz an Eiter, machen sich Eltern oft Sorgen. Manchmal haben sie dann sogar Angst, dass der eitrige Ausfluss in die Nasennebenhöhlen oder sogar in das Gehirn wandern kann. Das passiert aber nicht. Die Nase ist mit dem Gehirn nicht eng verbunden.

Oft sorgen sich Mütter und Väter kleiner Kinder auch, dass sich die Infektion festsetzt. Dabei hilft zu wissen, dass kleine Kinder noch gar keine Nebenhöhlen haben und sich der Schnupfen somit nirgendwo festsetzen kann. Alle diese Sorgen sind also überflüssig.

Ein normaler Schnupfen kann bei Kindern drei Tage bis drei Wochen anhalten. Falls der Schnupfen ohne Halsschmerzen oder Husten auftritt, ist er in der Regel harmlos. Ein fröhliches Kind, das gut isst, trinkt und spielt, braucht wegen einer laufenden Nase keine Unterstützung.

Sind die Schwellung und der Schleim in der Nase massiv, können sie nachts die Atmung behindern, das Kind bekommt schwer Luft und das stört den Schlaf. Das Kind wird dann nachts häufiger wach – und die Eltern wachen meistens auch entsprechend oft auf. Häufig reizen diese schlaflosen Nächte die Amygdala der Eltern, sodass sie verängstigt nach einer sofortigen Lösung für den Schnupfen suchen.

Was Eltern tun können

Wenn der Nachtschlaf aufgrund des Schnupfens nicht gewährleistet ist, können Nasentropfen verabreicht werden. Sie sorgen dafür, dass die Schleimhaut abschwillt. Die Nasentropfen dürfen aber nur über einen kurzen Zeitraum (bis zu fünf Tage) benutzt werden, da sie die Schleimhaut häufig reizen. Tagsüber muss eine laufende Nase nicht ständig mit abschwellenden Nasentropfen behandelt werden.

Eine Nasenspülung mit Kochsalzlösung ist dagegen sehr hilfreich und ohne Nebenwirkungen und kann bei Bedarf, vor allem nachts, eingesetzt werden. Kinder lassen sich aber in der Regel ungern die Nase putzen – und spülen schon gar nicht. Stressen Sie sich und die Kinder diesbezüglich nicht zu viel, setzen Sie die Nasenspülung nicht zu häufig ein.

Der Schnupfen geht definitiv auch vorüber, ohne dass die Nase mehrmals geputzt oder gespült werden muss. Das Immunsystem des Kindes wird es von selbst schaffen, die Keime zu entsorgen. In der Regel geht die Infektion nach ein paar Tagen bis Wochen vorbei.

Was Eltern lassen können

Abschwellend wirkende Nasentropfen können bei Daueranwendung die Nasenschleimhaut des Kindes schädigen. Wenn die Nase nicht verstopft ist, braucht das Kind keine Nasentropfen. Menthol und kampferhaltige Salben sowie ätherische Öle sollten nicht in die Nase von Säuglingen verabreicht werden, sie können Atemwegskrämpfe auslösen.

Pflanzenheilkunde

Bei älteren Kindern kann man Kamillenblütenextrakt, Minzöl, Majoranbutter oder Eukalyptusöl einsetzen – entweder zum Einreiben auf der Brust oder direkt auf die Nasenschleimhaut.

BT-Tipp: *Ein rettender Gedanke, Fantasieren*

Viele Eltern sind besorgt, dass der Schnupfen chronisch werden oder die tieferen Atemwege erreichen könnte. Um diesen Stress abzubauen, sollten Eltern jedes Mal, wenn negative Gedanken auftauchen, sofort an etwas denken, was für sie schön war. Ideal ist es, sich einen solchen Rettungsgedanken bereitzuhalten, der sie ablenkt, oder eine Fantasiereise, die eine wohltuende, stresslindernde Wirkung entfaltet (siehe Seite 78).

Halsentzündung
(Pharyngitis, Tonsillitis, Laryngitis)

Wenn Keime durch Mund oder Nase eingeatmet und dort nicht sofort vernichtet werden können, bleiben sie am Rachen, an den Mandeln oder am Kehlkopf hängen.

Die Rachenmandeln sind kleine nussförmige Geschwülste, die an beiden Seiten des Rachenraums liegen, sie werden auch Tonsillen genannt. In den Mandeln warten bereits Immunzellen und versuchen, eindringende

Keime aufzuhalten. Dieser Kampf mit den Keimen führt zu Entzündungen der Halsregion mit Halsschmerzen und Schluckbeschwerden.

Am häufigsten sind bei Halsentzündungen der Rachenrand oder der gesamte Rachen *(Pharnyx)* betroffen, man spricht dann von einer Rachenentzündung (*Pharyngitis*). Wenn die Mandeln mit entzündet sind, heißt es Mandelentzündung (*Tonsillitis*). Ein wenig tiefer liegt der Kehlkopfbereich, dessen Infektion *Laryngitis* genannt wird.

Die meisten Infektionen der Atemwege werden durch Viren verursacht. Der Rachenraum ist dann stark gerötet und schmerzhaft. Die Entzündung verursacht oft erhöhte Temperatur oder Fieber, Schluckbeschwerden und Halsschmerzen.

Bei Säuglingen fließt mehr Speichel, und sie verweigern oft die Nahrungsaufnahme, weil ihnen das Schlucken wehtut.

Nicht selten haben Kinder mit Halsschmerzen auch Kopf- oder Bauchschmerzen. Sie schlafen dann unruhig und wirken krank.

Was Eltern tun können

Schmerzmittel und fiebersenkende Mittel wie Ibuprofen oder Paracetamol sind empfehlenswert bei starken Halsschmerzen oder wenn Kinder über 39 Grad Celsius fiebern.

Sie sollten außerdem reichlich Flüssigkeit zu sich nehmen, dabei sind kalte Getränke zu bevorzugen. Appetit haben sie in der Regel nicht, weshalb ich ihnen bei Halsschmerzen in meiner Praxis erkläre, dass sie Eis essen dürfen, und dass ich das ihren Eltern sogar auf das Rezept schreibe! Das führt oft zu guter Laune: Eltern sind erleichtert, dass das Kind nicht verhungert, die Kinder freuen sich über diese Empfehlung. Auch kalter Joghurt oder kalte Früchte können vermehrt angeboten werden.

Was Eltern lassen können

Halsschmerzen sind in der Regel harmlos. Wenn die Kinder nur leichte Schmerzen haben, brauchen sie keine Medikamente.

Pflanzenheilkunde

Teesorten und Bonbons mit Salbei, isländischem Moos, Ingwer oder Kamille sind schmerzlindernd. Auch schwarzer Johannisbeersaft und warmer Zitronensaft können bei einer Entzündung wohltuend wirken.

BT-Tipp: *Fantasieren*

Entzündungen im Hals- und Rachenraum gehören zu den häufigsten Erkrankungen im Kindesalter.

Sie gehören aber gleichzeitig auch zu den Erkrankungen, die das Kind in der Regel erfolgreich mit seiner Selbstheilungskraft bekämpft. Meistens dauert die Erkrankung drei bis vier Tage, in dieser Zeit können die Eltern sich von Sorgen lösen, indem sie auf die Strategie des Fantasierens zurückgreifen und sich etwas Schönes und Angenehmes vorstellen (siehe Seite 78).

Bakterielle Mandelentzündung und Scharlach

Die Entzündung der Rachenmandeln kann akut oder chronisch verlaufen. Meist wird sie durch Viren verursacht und ist harmlos.

Seltener kommt es zu bakteriellen Infektionen. Die auslösenden Keime sind dann meistens sogenannte Streptokokken. Die Bakterien nisten sich dann im Mandelgewebe ein und verursachen eine Infektion mit hohem Fieber und starken Halsschmerzen, teilweise auch Kopf- und Bauchschmerzen. Der Hals ist entzündet, die Mandeln sind geschwollen, gerötet und mit kleinen gelb-grünlichen Stippchen belegt. Das Fieber liegt meistens bei über 39 Grad Celsius und die Kinder sprechen leise und kloßig, weil die Mandeln den ganzen Rachenraum füllen.

Wenn die Mandeln sehr stark vergrößert sind, bekommen die erkrankten Kinder in der Nacht schlecht Luft, oft schnarchen sie.

Scharlach ist eine besondere Form der bakteriellen Halsentzündung und eine ansteckende Kinderkrankheit. Die Streptokokken-Erreger produzieren dann ein bestimmtes Gift (Toxin), von dem das Kind zusätzlich zu den oben beschriebenen Symptomen einen feinfleckigen Ausschlag bekommt – vorwiegend in den Leisten, am Rumpf und im Gesicht, er kann aber auch über den ganzen Körper verteilt sein. Dazu wirkt die Zunge leicht geschwollen und bekommt ein himbeerähnliches Aussehen, man spricht daher auch von einer »Himbeerzunge«. Der Rachenraum ist bei einer Scharlachinfektion großflächig und kirschrot entzündet. Es gibt heute recht zuverlässige Rachenabstriche, womit Streptokokken im Schnelltest nachgewiesen werden können.

Was Eltern tun können

Als Erstes sollte differenziert werden, ob die Halsentzündung durch Viren oder Bakterien verursacht ist.

Das erkennt die Kinderärztin in der Regel schon anhand ihrer Erfahrung, im Zweifel können ein Rachenabstrich oder eine Blutanalyse Gewissheit verschaffen.

Bei viralen Infektionen handeln die Eltern wie im vorherigen Abschnitt.

Bei einer bakteriellen Infektion ist eine Behandlung mit Antibiotika notwendig. Dabei spielt es keine Rolle, ob es sich um Scharlach oder eine andere bakterielle Halsentzündung handelt. Bei Entzündungen mit Streptokokken kommt in der Regel das Antibiotikum Penicillin zum Einsatz.

Unbehandelte Streptokokken können über die Blutbahn ins Nierengewebe einwandern und dort eine Entzündung verursachen. Im Herzen können sie sich auf die Herzklappen setzen und diese angreifen. Insofern spielt die Antibiotikabehandlung nicht nur in der Therapie dieser Krankheit eine wichtige Rolle. Sie beugt gleichzeitig auch gefährlichen Folgekrankheiten und Komplikationen vor.

Wenn die Rachenmandeln durch wiederholte Infektionen zu groß werden, können sie die Atmung behindern und viele Keime beherbergen, weshalb in diesem Fall eine operative Verkleinerung der Rachenmandeln empfohlen wird.

Was Eltern lassen können

Kinder mit Scharlach sind ansteckend und sollen in den ersten drei Tagen der Antibiotikabehandlung nicht mit anderen Kindern spielen. Am dritten Tag nach Antibiotikagabe ist die Gefahr der Ansteckung in der Regel vorbei, dann können sie wieder in die Kita oder den Kindergarten und mit anderen Kindern spielen.

Nicht alle Halsschmerzen bedeuten gleich Scharlach, deshalb ist eine Abklärung bei der Kinderärztin wichtig. Nicht jede Halsentzündung muss antibiotisch behandelt werden.

BT-Tipp: *Fantasieren*

Kinder mit bakteriellen Infektionen der Rachenmandeln brauchen ruhige und nicht gestresste Eltern. Eltern sollten versuchen, sich nicht zu viele Sorgen zu machen, dafür gibt es keinen Grund. Sie können sich mit der Strategie des Fantasierens ablenken. Vor allem nachts können bei Eltern Ängste und Sorgen aufkommen, wenn Kinder hoch fiebern und der nächtliche Schlaf häufig gestört wird. Dann ist eine ruhige, angenehme Fantasie über schöne Erinnerungen oder Vorstellungen gut, um die Kortisol-Ausschüttung zu senken (siehe Seite 78).

Pflanzenheilkunde

Tees mit verschiedenen Pflanzen können unterstützend eingesetzt werden.

Zur Schleimreduktion: Lindenblüten und Eibischwurzelextrakt.

Entzündungshemmend wirken: Salbeiblätter, Rhabarberwurzel.

Desinfizierend sind: Holunderblüten, Kamillenblüten, Salbeiblätter, Lindenblüten.

Polypen *(Adenoide)*

Polypen befinden sich im hinteren Nasenraum und sind nicht sichtbar. Genau wie Mandeln sind sie winzige Geschwülste, die eingeatmete Krankheitserreger abfangen. Dann schwellen sie an und blockieren die Atemwege zwischen Nase, Rachenraum und Innenohr. Keime können sich dann eher einnisten und wiederkehrende Infektionen verursachen.

Angeschwollene Polypen können auch die Verbindung zwischen Rachenraum und Innenohr blockieren. Dann leidet die Belüftung des Innenohrs, und es kommt auch hier zu einer Keimvermehrung und Infektionen. Polypen begünstigen deshalb auch Entzündungen im Ohr.

Sehr stark vergrößerte Polypen verursachen Probleme bei der Nasenatmung, die Kinder atmen dann oft durch den Mund und schnarchen ziemlich stark in der Nacht. Bei ausgeprägteren Verläufen können sie längere Atemaussetzer haben.

Was Eltern tun können

Nasenpolypen können Eltern mit bloßen Augen nicht erkennen. Aus diesem Grund wird bei häufig wiederkehrenden Entzündungen im Rachenraum oder Mittelohr sowie bei gehäuften nächtlichen Atemaussetzern (auch *Schlafapnoe* genannt) ein Besuch bei der HNO-Ärztin empfohlen.

Bei immer wiederkehrenden Infektionen und einer Diagnose größerer Nasenpolypen empfiehlt die HNO-Ärztin häufig eine operative Entfernung der Polypen. Gleichzeitig wird oft eine Einlage von Paukenröhrchen empfohlen, um die Belüftung des Innenohres zu stabilisieren. US-Forscherteams berichten allerdings in größeren Studien, dass die Operation in der Regel keine nennenswerten Vorteile gegenüber einer abwartenden Haltung bringt.

Wenn der Leidensdruck nicht hoch ist, das Hörvermögen des Kindes gut und keine Beeinträchtigung über längere Zeit zu verzeichnen ist, kann deshalb eine Operation zunächst aufgeschoben werden.

Was Eltern lassen können

Eltern sollten versuchen, nicht verzweifelt zu reagieren. Wiederkehrende Infektionen in den oberen Luftwegen kommen im Kleinkindalter sehr oft vor. Geben Sie der eigenen Heilkraft des Kindes eine Chance und distanzieren Sie sich von einer hektischen Entscheidung für eine Operation.

Pflanzenheilkunde

Efeu-, eukalyptus-, pfefferminz-, fichtennadel- und myrtolhaltige Pflanzen werden in Form von Tee, Saft, Salben, Bädern oder Nasentropfen verwendet. Sie sind in der Apotheke erhältlich – dabei sollte man dem Apotheker gegenüber das Alter des kleinen Patienten erwähnen, weil ätherische Öle in hoher Dosis bronchiale Krämpfe bei Säuglingen und Kleinkindern verursachen können.

BT-Tipp: *Denkpause, Fantasieren*

Um gute Entscheidungen zu treffen, muss die Amygdala sich beruhigen. Das geht gut zum Beispiel mit schönen alten Erinnerungen. Mit Fantasiereisen holen Sie sich aus dem Sorgensog heraus und helfen sich damit, die Zeit gut zu überstehen. Fragen Sie sich: Leidet mein Kind sehr? Ist es möglich, ein paar Monate abzuwarten? Auch wenn die Angst und Sorge, etwas zu versäumen, doch zu groß werden, können Sie sich mit schönen Gedanken bewusst ablenken.

Eltern sollten sich niemals spontan und unüberlegt für eine Operation entscheiden. Falls Sie mit der Frage unerwartet konfrontiert werden, ist Strategie Nummer eins, mit »Stopp – atmen – denken – handeln« sofort einzusetzen. Das gibt Ihnen die Möglichkeit, aufzuatmen und sich zu beruhigen, um anschließend wieder klare Gedanken zu fassen und Entscheidungen zu treffen (siehe Seite 62).

Pseudokrupp *(Stenosierende Laryngitis)*

Gelingt es den Viren, den Kehlkopfbereich zu erreichen und die Stimmbänder anzugreifen, bekommen Kinder einen Husten, der zu verschiedenen Komplikationen führen kann.

Die Schleimhaut im Bereich der Stimmbänder ist entzündet und schwillt meistens über Nacht an. Die Kinder wachen in den frühen Morgenstunden mit einem sehr seltsamen Husten auf. Oft ist das Einatmen durch die Schwellung erschwert, was Eltern sehr beängstigt und alarmiert. Das Geräusch des rauen Einatmens wird auch »Stridor« genannt.

Eltern berichten oft, dass ihr Kind sich wie ein Esel oder ein bellender Hund anhört. Manchmal haben die Kinder erhebliche Luftnot, sie husten sehr viel und laufen dabei bläulich an. Aus dem Grund gibt es eine Gradeinteilung:

Grad 1: Leichte Heiserkeit und bellender Husten
Grad 2: Erschwertes Einatmen mit lautem Stridor
Grad 3: Zusätzliche Atemnot, erhöhter Puls und Unruhe
Grad 4: Zusätzlich blaue Lippen, bläuliche Gesichtszüge, Erstickungsgefahr

Was Eltern tun können

Obwohl der Pseudokrupp eine relativ harmlose Erkrankung ist, wirkt das Krankheitsbild oft sehr beängstigend. Eltern sollten sich mit dem Kind ans offene Fenster stellen, weil die Schwellung der Schleimhäute durch das Einatmen kühler Luft eher zurückgeht.

In seltenen Fällen ist der Husten so stark, dass die Eltern den Eindruck bekommen, ihr Kind würde ersticken. In diesem Fall soll ein Arzt konsultiert werden. In der Regel werden abschwellende Medikamente inhaliert oder kortisonhaltige Tropfen oder Zäpfchen verabreicht.

Bei Grad 1: Fenster oder Balkon öffnen, kalte Luft einatmen
Bei Grad 2: Fenster oder Balkon öffnen, kalte Luft einatmen
Bei Grad 3: Inhalieren, Kortisontropfen oder -zäpfchen verabreichen oder den Arzt aufsuchen
Bei Grad 4: Notarzt rufen

Was Eltern lassen können

Pseudokrupp ist in der Regel eine Virusinfektion, weshalb eine Antibiotika-Gabe normalerweise nicht notwendig ist.

Das Kind darf nicht weiter aufgeregt werden, weil die Schwellung beim Schreien zunimmt. Ein liebevoller und ruhiger Umgang mit dem Kind ist in dieser Situation daher sehr wichtig, ein panisches Verhalten der Eltern kann von großem Nachteil für das Kind sein.

Pflanzenheilkunde

Die Pflanzenheilkunde spielt bei der Behandlung von Pseudokrupp eine untergeordnete Rolle. Inhalation mit mentholhaltigen Ölen und Dämpfen sind verboten, weil sie den Zustand verschlechtern können.

BT-Tipp: *SADH*

Pseudokrupp kann Eltern in eine totale Panik versetzen, weshalb die SADH-Strategie sofort eingesetzt werden muss (siehe Seite 62).

Mittelohrentzündung *(Otitis Media)*

Fast jeder Mensch erlebt während seiner Kindheit mindestens einmal Ohrenschmerzen.

Wenn Eltern in das Ohrinnere eines Kindes schauen würden, würden sie eine kleine glänzende Membran sehen, die auch Trommelfell genannt wird.

Das Trommelfell ist eine kleine Wand, die das Ohr unterteilt in den äußeren Gehörgang und das sogenannte Mittelohr. Das Mittelohr ist außerdem über einen Gang, die sogenannte *Tuba Eustachii*, mit dem Rachenraum verbunden. Diese Eustachische Röhre sorgt dafür, dass der Druck im Innenohr ausgeglichen bleibt.

Säuglinge und kleine Kinder haben am häufigsten virusbedingte Infektionen im Nasenrachenraum. Über die Tuba gelangen die Keime in der Regel in das Innenohr und verursachen dort eine Entzündung der Innenohrschleimhaut. Es kommt zu einem kleinen Erguss, der auch als Tubenkatarrh oder Mittelohrerguss bekannt ist. Dieser Erguss ist bei Virusinfektionen eher dünnflüssig und klar und bildet sich in der Regel nach ein paar Wochen spontan zurück.

Kleinkinder entwickeln viel häufiger Mittelohrentzündungen als ältere Kinder und Erwachsene, weil ihre kleinen Gehörgänge noch sehr kurz sind. Keime aus dem Rachenraum gelangen schneller ins Mittelohr.

Die meisten Mittelohrentzündungen sind virusbedingt, bakterielle Ohrenentzündungen kommen viel seltener vor. Ohrenschmerzen sind immer unangenehm und oft sehr heftig. Die Intensität des Schmerzes hängt nicht davon ab, ob der Erreger bakteriell oder viral ist.

Bei einer bakteriellen Mittelohrentzündung empfindet das Kind starke und unangenehme Schmerzen. Die Ergussbildung ist stärker als bei einer Virusinfektion, und die Flüssigkeit ist trüber.

Wenn die Entzündung sehr stark ist und die Ergüsse im Mittelohr zunehmen, steigt der Druck im Mittelohr und die Kapazität der Tuben zum Druckausgleich lässt nach. Der Druck auf das Trommelfell wird so stark, dass es platzt. Dann sehen Eltern, dass aus dem betroffenen Ohr eine Flüssigkeit herausläuft. Die Entzündung mit trübem, gelblichem Ausfluss sieht aus wie Eiter, weshalb diese Form der Entzündung eine »eitrige Mittelohrentzündung« genannt wird.

Wenn die bakterielle Mittelohrentzündung nicht behandelt wird, können die Bakterien auf die nahe liegenden Knochen übergehen und dort eine Entzündung hervorrufen, die *Mastoiditis* genannt wird. Virusbedingte Ohrentzündungen sind ebenfalls sehr schmerzhaft, allerdings bilden sie in der Regel keinen eitrigen Erguss und der Druck auf dem Trommelfell ist nicht so stark, dass dieses platzt.

Was Eltern tun können

Als Erstes sollte das Kind von seinen Schmerzen befreit werden. Bitte überlegen Sie nicht lange, ob Sie Ihrem Kind Schmerzmittel geben oder nicht! Ohrenschmerzen sind sehr unangenehm und müssen sofort beseitigt werden. Dafür ist Ibuprofen oder Paracetamol als Schmerzmittel geeignet.

Falls die Temperatur über 39 Grad Celsius steigt, ist die Gabe von Fieber- und Schmerzmitteln wie Paracetamol oder Ibuprofen ebenfalls empfehlenswert. Auch schmerz- und entzündungslindernde Ohrentropfen können ins Ohr geträufelt werden, allerdings ist zunächst die Gabe von Ibuprofen oder Paracetamol zu bevorzugen.

Wenn das Kind gleichzeitig einen Schnupfen hat und das Atmen durch die Nase behindert ist, dann ist die Entlastung der Nasenschleimhäute mit einem Nasenspray wichtig. In der Regel geht es den Kindern mithilfe dieser symptomatischen Behandlung schon bald wieder gut.

Falls die Beschwerden sich verschlechtern oder die Eltern einen Ausfluss aus dem Ohr entdecken, muss das Kind dem Kinderarzt vorgestellt werden. Dieser entscheidet dann, ob es sich um eine Virusinfektion oder eine bakterielle Infektion handelt, und dementsprechend, ob eine Antibiotikagabe notwendig ist.

Bei wiederholten Infektionen mit Mittelohrerguss ist ein Hörtest, wenn Infektion und Mittelohrerguss abgeklungen sind, empfehlenswert. Über die Notwendigkeit einer Vorstellung bei einem HNO-Arzt wird in der Regel durch die Kinderarztpraxis entschieden.

Was Eltern lassen können

Eltern sollten möglichst keine Öle oder sonstigen Tropfen in das Ohr träufeln ohne vorherige Rücksprache mit der Kinderärztin beziehungsweise nur auf ausdrückliche Empfehlung. Eine geduldige, abwartende Haltung hat sich als eine bessere Lösung erwiesen als eine hektische Antibiotikagabe oder gar eine Operation.

Pflanzenheilkunde

Zwiebelsäckchen sind ein altbewährtes Hausmittel. Holunderblütentee wirkt entzündungshemmend im Rachenraum.

BT-Tipp: *SADH (Stopp – atmen – denken – handeln)*

Ohrenschmerzen sind sehr schmerzhaft, und Eltern sind oft schnell gestresst, wenn sie mitbekommen, dass ihre Kinder leiden. Der Stress sollte daher für die Kinder wie für die Eltern so schnell wie möglich reduziert werden.

Da Ohrenschmerzen bei Kindern in der Regel aber plötzlich auftreten, ist die Notfall-Strategie SADH (siehe Seite 62) für Eltern wichtig, um sich selbst zu beruhigen: Zuerst sich selbst »Stopp!« sagen, dann ruhig ein- und ausatmen, dann denken, dass Ohrenschmerzen zwar schmerzhaft, aber in der Regel harmlos sind, und dann ruhig handeln. Beruhigen Sie Ihr Kind, nehmen Sie es in den Arm und schauen Sie, dass der Schmerz so schnell wie möglich vergeht, indem Sie dem Kind Schmerzmittel verabreichen.

Eine Geschichte aus der Praxis

Clara ist vier Jahre alt. Ihre Mutter kommt mit ihr zur Untersuchung, weil sie in der Nacht Ohrenschmerzen hatte. Ich untersuche Clara und sehe eine leichte Rötung im linken Ohr. Das ist nicht schlimm. Meine Empfehlung: »Clara braucht nur Schmerzmittel, die Entzündung geht von selbst weg, wir müssen ihr keine weiteren Medikamente verabreichen.« Eigentlich habe ich erwartet, dass sich Claras Mutter über die Nachricht freut, sich verabschiedet und wieder geht. Doch sie ist trotzdem noch sehr besorgt.

Ich frage: »Was beschäftigt Sie, Sie wirken unglücklich.« Claras Mutter erklärt mir, dass sie als Kind ebenfalls Mittelohrentzündungen hatte und operiert werden musste. Diese Erfahrung will sie ihrer Tochter ersparen. Sie erzählt, dass sie eine schlaflose Nacht verbracht habe mit Bildern von Clara auf dem OP-Tisch.

Ich erkläre Claras Mutter, dass Clara nicht vor einer Operation steht. Sie höre noch gut, sage ich, nichts weise auf Komplikationen hin und eine Operation sei nicht notwendig.

Ich schlage Claras Mutter ein paar Übungen vor, die sie zu Hause machen kann, um ihren Stress zu reduzieren – und weil ich weiß, dass ihre Sorgen die Amygdala in den kommenden Tagen immer wieder mit Bildern von einer Operation versorgen werden. Solche Gedankenspiralen, Assoziationen und Projektionen wie die von Claras Mutter begegnen uns jeden Tag und sorgen für sehr viel Stress und Unruhe in der Familie.

Lymphknotenschwellung *(Lymphadenitis)*

Lymphknoten sind wie Siebe. Sie sitzen überall im Körper und agieren wie Streifenpolizisten, die Bösewichte aus dem Verkehr ziehen. Sie halten die Keime oder Krankheitserreger auf ihrem Weg in andere Organe auf. Eine Lymphknotenschwellung ist ein Hinweis darauf, dass hier besonders viele Keime herausgefiltert wurden – und das liegt meist daran, dass anderswo im Körper eine Infektion aktiv ist. Ich werde sehr oft besucht, weil Eltern kleine Lymphknoten am Hinterkopf, am Hals oder in der Leiste ertastet haben. Das sind ganz normale Lymphknoten, die dort hingehören. Die Tatsache, dass sie tastbar sind, bedeutet nicht, dass sie entzündet sind. Diese Lymphknoten sind völlig harmlos, und es muss nichts unternommen werden.

Was Eltern tun können

Wenn Eltern einen verdickten Lymphknoten entdecken oder unsicher sind, empfiehlt es sich, die Kinderärztin zu konsultieren. Falls die Ursache bakteriell ist, sollte eine frühzeitige Antibiotikabehandlung eingeleitet werden.

Was Eltern lassen können

Viele Eltern denken sofort an eine Krebserkrankung, wenn die Lymphknoten angeschwollen und tastbar sind. Seien Sie beruhigt: Fast alle Lymphknotenschwellungen im Rachen- und Halsbereich bei Kindern sind durch Infektionen bedingt. Kleine Lymphknoten am Hinterhaupt und am Ohr sind ganz normal tastbar und bedürfen keiner Behandlung.

Pflanzenheilkunde
Die Behandlung hängt von der Ursache ab. Wenn die Infektion im Rachenraum sitzt, wirken Salbei- und Kamillentee entzündungshemmend und unterstützend.

BT-Tipp: *SADH (Stopp – atmen – denken – handeln)*

Oft bekommen Eltern einen Schreck, wenn sie einen verdickten Lymphknoten entdecken. Beruhigen Sie sich sofort, indem sie »Stopp« sagen, ruhig ein- und ausatmen und daran denken, dass es sich in der Regel um gesunde Lymphknoten handelt, und dass es keinen Grund zur Aufregung gibt. Dann konsultieren Sie Ihren Kinderarzt.

Husten / Reizhusten

Husten ist ein Reflex des Körpers, der dazu dient, Keime, den dazugehörigen Schleim und Fremdkörper aus den oberen Atemwegen und dem Rachenraum herauszuhusten. So werden die Atemwege frei gehalten.

Wie kommt es dazu, dass dies überhaupt nötig ist? Unser Immunsystem erkennt und kämpft gegen Keime, sobald diese in den Körper eindringen. Haupttore für Eindringlinge sind die Nase und der Mund. Tausende Keime werden hier jeden Tag abgefangen und kommen nicht weiter. Leider schaffen es manche doch an den Abfangjägern vorbei und kommen in den Rachenraum.

Eine Entzündung dort führt zu einem Reizhusten, einer der häufigsten Gründe für Husten im Kindesalter.

Die meisten Kinder sind tagsüber fit und spielen vergnügt, aber sobald sie sich hinlegen, bekommen sie einen schlimmen Reizhusten, weshalb sie oft nur schwer einschlafen können. Manchmal husten sie die ganze Nacht durch.

Beim Abhören ist die Lunge unauffällig und es gibt auch keine Anzeichen für eine Bronchitis oder eine Lungenentzündung. Doch meist liegt eine Rötung und Schwellung im Rachenraum vor. Eine Halsentzündung ist die Hauptursache für einen Reizhusten.

In der Regel löst eine Virusinfektion den Hustenreiz aus und führt zu Hustenanfällen. Der Hustenreiz kann trocken sein oder mit schleimigem Auswurf einhergehen. Manche Kinder entwickeln dazu starke Halsschmerzen und Fieber.

Was Eltern tun können

Kinder sollten bei Reizhusten viel trinken, um die Keime aus dem Rachenraum zu spülen.

Sie können beim Schlaf hochgelagert werden, sodass die entzündete und geschwollene Schleimhaut im Rachenraum nachts nicht zuschwillt und den Hustenreiz verschlechtert.

Es gibt bewährte Hustenreizstiller, die von der Kinderärztin verschrieben werden können. In der Regel werden diese Produkte als Saft eingenommen. Klingt der Husten nach zwei bis drei Tagen nicht ab, sollte die Ursache in der Kinderarztpraxis abgeklärt werden.

Falls das Kind stark hustet und gleichzeitig Fieber oder andere Symptome wie Abgeschlagenheit oder Luftnot entwickelt, soll die Kinderärztin sofort konsultiert werden.

Was Eltern lassen können

In der Regel ist die Gabe von schleimlösenden Säften nicht sinnvoll. Eine Inhalationsbehandlung hilft bei Reizhusten ebenfalls wenig. Auch die Gabe von Antibiotika ist in den meisten Fällen überflüssig.

Pflanzenheilkunde

Bei Reizhusten hilft Eibischwurzelextrakt als Saft oder Tee. Für die Halsentzündung ist Salbeitee ratsam.

BT-Tipp: *SADH (Stopp – atmen – denken – handeln)*

Reizhusten kann manchmal sehr alarmierend wirken. Die Eltern sollten sich mit der SADH-Methode beruhigen. »Stopp!« sagen, ein- und ausatmen und sich kurz beruhigen. Dann überlegen Sie, was gemacht werden kann. Haben Sie keine Angst, denken Sie im Zweifelsfall an Ihren Rettungsgedanken (siehe Seite 66). Wenn das nicht hilft und die Sorgen zu groß werden, sprechen Sie mit Ihrer Kinderärztin.

Bronchitis

Gelingt es dem Erreger, weiter und tiefer in den Körper einzudringen und die Bronchienschleimhaut zu entzünden, spricht man von einer Bronchitis.

Auch hier sind in den meisten Fällen Viren schuld. Eine bakterielle Bronchitis kommt eher selten vor.

Wenn kleinere Bronchien beteiligt sind, spricht man auch von einer Bronchiolitis.

Für Eltern ist es nicht einfach, einen einfachen Reizhusten von einer tiefer sitzenden Bronchitis zu unterscheiden. Daher ist es immer empfehlenswert, einen heftigen Husten beim Kinderarzt abzuklären.

Obstruktive / Spastische Bronchitis

Eine der häufigsten Formen der Bronchitis im Kleinkindalter ist die durch Viren ausgelöste sogenannte obstruktive oder spastische Bronchitis.

In diesem Fall verursachen die Viren eine Schleimhautschwellung innerhalb der Bronchien mit einer gleichzeitigen Verkrampfung der Bronchienmuskulatur, diese Atemwege verkrampfen sich, daher auch das Wort spastisch.

Die Schleimhautschwellung führt dann zu einer Einengung des betroffenen Luftweges.

Das Einatmen ist in der Regel problemlos möglich, aber aufgrund der Hindernisse gelangt die eingeatmete Luft nur schwer wieder heraus. Das Ausatmen bereitet Mühe, die Eltern hören das Brummen und Pfeifen oft schon ohne Stethoskop.

Die angestrengte Atmung ist begleitet von Einziehungen in den Rippen und der sonstigen Brustmuskulatur und einem angestrengten Husten.

Manche Kinder wirken dabei oft relativ gut gelaunt und trotz angestrengter Atmung nicht schwer krank, sie werden dann auch oft »happy wheezer« (glückliche Keucher) genannt.

Schadstoffe, etwa von passivem Rauchen, sowie Allergene wie Hausstaubmilben und Pollen können ebenfalls zu einem Zusammenziehen der Bronchien führen und eine spastische Bronchitis verursachen, die sich ähnlich äußert.

Die obstruktive Bronchitis des Kleinkindes verschwindet häufig ab dem dritten Lebensjahr.

Bronchiolitis

Eine Bronchiolitis ist die Entzündung der sogenannten Bronchiolen, die tiefer sitzenden, ganz fein verästelten Ausläufer der Bronchien. Eine Bronchiolitis kommt gehäuft bei Säuglingen vor. Der häufigste Erreger ist der RS-Virus *(respiratory syncytial virus)*. Diese Erkrankungen kommen gehäuft in den Wintermonaten vor. Die Säuglinge stecken sich meistens bei den älteren Geschwistern oder den Erwachsenen an.

Eine Bronchiolitis verläuft in den meisten Fällen ganz milde: Das Baby hustet etwas und hat eine leicht laufende Nase, nach vier bis fünf Tagen ist alles vorbei.

In schweren Fällen hustet der Säugling anhaltend und keuchend, hat Einziehungen auf dem Brustkorb und leidet unter Luftnot. Ein stationärer Aufenthalt ist in diesem Fall vor allem bei jüngeren Babys notwendig.

Der RS-Virus kann mit einem Nasenabstrich nachgewiesen werden. In seltenen Fällen weist er bei Säuglingen unter drei Monaten einen schweren Verlauf auf, mit Husten, Luftnot und Sauerstoffbedarf, was eine stationäre Aufnahme notwendig macht.

Deshalb ist es wichtig, bei Verdacht auf eine RS-Virus-Infektion einen schnellen Virusnachweis zu veranlassen. Bestätigt sich der Verdacht, sind eine engmaschige Kontrolle und Beobachtung des Säuglings im Krankenhaus oder bei der Kinderärztin empfohlen.

Asthma bronchiale

Asthma bronchiale ist eine Erkrankung, die mit einer anhaltenden Überempfindlichkeit der Bronchien und der Bronchialschleimhaut einhergeht. Die falsche Regulierung der Muskulatur bewirkt Verkrampfungen (Spasmen) und Verengungen (Obstruktionen). Oft treten die verengten Atemwege zusammen mit einer Entzündung der Bronchialschleimhaut auf.

Die Ursachen für Asthma bronchiale sind vielfältig. Eine genetische Disposition bei mindestens einem Elternteil ist in den meisten Fällen vorhanden. Allergien sind neben Infektionen mit Viren die Hauptursache für die begleitende Entzündung. Die bekanntesten Allergene sind Pollen, Tierhaare und Hausstaubmilben. Eine chronische Reizung durch Schadstoffe wie Nikotin können ebenfalls zu diesem Krankheitsbild führen, weshalb Kinder rauchender Eltern besonders gefährdet sind.

Die typischen klinischen Zeichen beim Asthma bronchiale sind die gleichen wie bei der obstruktiven Bronchitis: Man beobachtet Einziehungen, Luftnot, Pfeifen und Brummen, und natürlich anhaltenden Husten, meistens mit Luftnot, was leicht oder ausgeprägt sein kann.

In manchen Fällen verläuft das Asthma nur leicht, ohne dass es den Kindern auffällt, zum Husten kommt es vielleicht ein- bis zweimal im Monat.

Bei mittelschwerem Asthma husten die Kinder mehr und auch nachts, was den Schlaf beeinträchtigt, weil sie durch den Husten immer wieder aufwachen. Bei schwerem Asthma kommt es jeden Tag mehrmals zu Hustenanfällen, der Nachtschlaf ist deutlich beeinträchtigt.

Was Eltern tun können

Es ist sinnvoll, bei Allergie oder Asthma in der Familie die Neugeborenen mindestens sechs Monate lang zu stillen.

Bei allen Formen der Bronchitis sollten Staubquellen wie Teppichböden und Stoffgardinen vor allem im Wohn- und Schlafbereich so gut wie möglich vermieden werden.

Eine Bettsanierung mit milbendichten Bettlaken und Kopfkissenbezügen kann bei der Kinderärztin beantragt werden.

Wenn Allergien in der Familie vorhanden sind und die Familie sich Haustiere wünscht, ist es sinnvoll, vorher mit der Kinderärztin oder einem erfahrenen Allergologen zu klären, ob das sinnvoll ist.

Bei feuchten Wandstellen ist eine Wohnungssanierung empfehlenswert, um die Schimmelpilzbelastung zu reduzieren.

Das gängigste Medikament in der Behandlung von Bronchospasmen ist Salbutamol. Der Wirkstoff wird in Form von Inhalationsspray, Tropfen oder Säften verabreicht. Da Kleinkinder nicht direkt inhalieren können, wird ein Inhaliergerät als Vernebler oder ein Behälter für das Spray – eine sogenannte Chamber – von verschiedenen Firmen als Inhalationshilfe empfohlen. Die Medikamente müssen je nach Schweregrad mehrmals am Tag eingeatmet oder in Saftform eingenommen werden.

Um eine Schleimhautentzündung und -schwellung zu bekämpfen, vor allem bei Säuglingen und Kleinkindern, ist Ipratropium Bromid (Markenname: Atrovent) das Mittel der Wahl. Es wird in Tropfenform zum Inhalieren verabreicht.

Salbutamoltropfen und Ipratropium-Bromid-Tropfen können gleichzeitig mit Kochsalz verdünnt inhaliert werden.

Bei schwereren, chronischen Verläufen kommt zusätzlich zu den oben genannten Medikamenten über mehrere Monate eine Dauertherapie mit inhalativen Steroiden zum Einsatz. Diese werden in der Regel zweimal am Tag inhaliert, um die Überempfindlichkeit der Bronchien herabzusetzen.

Die Steroidbehandlung wird in Sprayform verabreicht und muss über mehrere Monate durchgeführt werden, die Länge der Therapie wird individuell bestimmt. Die inhalativen Steroide haben die Gabe von oralen Steroiden verdrängt. Bei älteren Kindern, die chronisch unter Asthma oder bestimmten Allergien leiden und die einen sehr hohen Leidensdruck aufweisen, kann ab dem Schulalter zusammen mit einem erfahrenen Allergologen eine sogenannte Hyposensibilisierungsbehandlung erwogen werden. Hier werden kleinste Mengen der krank machenden Allergene in Tropfenform unter die Zunge verabreicht oder über eine längere Zeit unter die Haut gespritzt.

Viele Krankenhäuser bieten auch Asthmaschulungen an. Hier lernen Kinder und Eltern, wie sie mit den unterschiedlichen Medikamenten in unterschiedlichen Situationen umgehen können. Auch lernen sie, wie sie mit Notfällen umgehen und die Medikamente kompetenter einsetzen, um diese chronische Erkrankung möglichst selbstständig zu behandeln.

Was Eltern lassen können

Hustenstillende Säfte dürfen bei spastischen Bronchitiden oder Asthmaanfällen nicht verabreicht werden.

Bronchenweitende Mittel wie Salbutamol, ob in Form von Saft oder Spray, haben oft eine aufputschende Wirkung. Die Kinder sind manchmal aufgedreht und unruhig, sodass es empfehlenswert ist, diese Mittel nicht kurz vor dem Schlafengehen zu verabreichen, sondern eher in den Nachmittagsstunden. Das geht selbstverständlich nur bei einem leichteren Verlauf.

Bei mittelschweren und schweren Verläufen muss die Inhalation oder die Tropfengabe abhängig vom Zustand des Kindes eingesetzt werden. Die orale Gabe von Kortison wird nur in Ausnahmesituationen eingesetzt und soll vorher mit der Kinderärztin abgeklärt werden.

In den Wintermonaten reizt die kalte Luft die Bronchien vermehrt und kann zu einer Verschlechterung von Bronchospasmen führen, weshalb empfohlen wird, lange Spaziergänge draußen in der Kälte eher zu vermeiden. Kurze Spaziergänge sind aber kein Problem!

Oft wollen Eltern ihren Kindern keine milch- und mehlhaltigen Speisen geben, weil das angeblich »schleimt«. Kinder haben oft keinen Appetit, wenn sie krank sind, und wollen nur ihre Milch trinken. Verbieten Sie dem Kind gar nichts, es darf ruhig seine warme Milch trinken und essen, wozu es Lust hat!

Pflanzenheilkunde

Es kann hilfreich sein, Efeu, Thymian, Eibisch, Primelwurzel, Kamille, Lindenblüten und Holunderblüten als Tee oder Saft zu verabreichen.

Ätherische Öle sollten bei Säuglingen nicht verwendet werden!

Andere Teesorten, die eine positive Wirkung zeigen können: Anisblüten, Fenchel, Eibischwurzel, isländisches Moos, Spitzwegerich, Thymian, Efeu, Süßholzwurzel.

BT-Tipp: *SADH, Denkpause, Tunnelfahrt*

Die Diagnose Asthma bronchiale erschreckt und alarmiert viele Eltern. Es ist vielleicht beruhigend zu wissen, dass sehr viele Kinder ihre Allergien mit zunehmendem Alter verlieren. Mit den inhalativen Kortikoiden steht eine effektive und nebenwirkungsarme Behandlung und Vorbeugung zur Verfügung, die den Verlauf viel unproblematischer macht. Kortison in Form von Tabletten oder Saft wird nur noch in Notfällen eingesetzt und nicht mehr als Dauertherapie.

Trotzdem leiden Patienten und Eltern während der akuten Attacken. Auch quälen sich Eltern oft mit der Diagnose und Vorstellungen, wie es mit dem Kind weitergeht. Ich kann Sie auch hier trösten – die meisten Kinder haben durch die inhalative Kortisonbehandlung längere symptomfreie Phasen, eine deutlich bessere Lebensqualität und viel bessere Prognosen. Eine psychisch stabile Umgebung beruhigt das Kind und stärkt die Kraft der Eigenheilung.

Eltern können nachts ihr negatives Kopfkino ausstellen, indem sie zum Beispiel die Tunnelfahrt ausprobieren – eine tolle Übung, besonders, um nachts Ruhe zu finden und schnell wieder einzuschlafen (siehe Seite 72). Auch Denkpausen sind sehr gut, da Asthma eine chronische Erkrankung ist – eine längerfristige Stressresistenz ist daher für die ganze Familie sinnvoll.

Lungenentzündung *(Pneumonie)*

Eine Lungenentzündung kommt bei Säuglingen und Kleinkindern viel häufiger vor als bei Erwachsenen. Grund sind die kürzeren Atemwege, über die Keime viel schneller in die Tiefe eindringen können als bei größeren Kindern und Erwachsenen. Auch die Tatsache, dass kleinere Kinder die Krankheiten alle zum ersten Mal durchmachen, um die notwendige Immunabwehr aufzubauen, die sie später vor Infektionen schützt, trägt zu einer erhöhten Pneumonierate im Kleinkindalter bei.

Häufig geht einer Pneumonie eine Infektion im Nasen- und Rachenraum voraus, die sich nach ein paar Tagen mit anhaltendem Husten und Fieber verschlechtert. Die Kinder husten dann zunehmend und entwickeln Fieber.

Wenn die Lungenentzündung in Begleitung einer obstruktiven oder spastischen Bronchitis begleitet wird, sind die Atemgeräusche von einem Pfeifen begleitet, das Atmen fällt den Kindern merklich schwer. Man spricht in solchen Fällen von einer obstruktiven Bronchopneumonie.

Die Diagnose Lungenentzündung erschreckt erst einmal viele Eltern, da eine Lungenentzündung bei Erwachsenen als eine sehr gefährliche Krankheit angesehen wird. Erfreulicherweise verläuft die Lungenentzündung im Säuglings- und Kleinkindalter in der Regel komplikationslos.

Wie bei den meisten Infektionskrankheiten in den Atemwegen sind auch hier in erster Linie Viren verantwortlich.

Bakterielle Pneumonien kommen seltener vor. Wenn Kinder Lungenentzündungen haben, bei denen Bakterien nachgewiesen werden, können sie oft zu Hause sehr schnell und effektiv mit Antibiotikasaft behandelt werden. Eine stationäre Aufnahme ist nur dann notwendig, wenn sich eine intravenöse Behandlung nicht umgehen lässt oder wenn der Zustand der Kinder nicht stabil ist. Das entscheidet der Kinderarzt. Wenn zum Beispiel das Fieber hoch ist oder das Kind seine Medikamente nicht schlucken kann, muss es zusätzliche Flüssigkeit oder die Medikamente über die Vene erhalten.

Was Eltern tun können

Die Behandlung von Kindern mit Lungenentzündung richtet sich nach dem jeweiligen Befund des Kindes. Fieber sollte gesenkt werden, wenn es 39 Grad Celsius übersteigt. Wenn Kinder Husten und dazu Fieber bekommen, sollte immer eine Abklärung erfolgen. Auf ausreichende Flüssigkeitszufuhr sollte geachtet werden.

In vielen Fällen ist die Lungenentzündung begleitet von einer spastischen Bronchitis, weshalb die oben im entsprechenden Abschnitt beschriebene Therapie auch bei der Lungenentzündung empfohlen wird. Antibiotika sollen nur bei bakteriellen Infektionen verabreicht werden.

Was Eltern lassen können

Panik und Angst sind nicht notwendig. Heutzutage lässt sich eine Lungenentzündung im Kindesalter gut und einfach behandeln. Der Kinderarzt kann schnell feststellen, ob die Infektion viral oder bakteriell bedingt ist. Die bakterielle Pneumonie wird mit Antibiotika in Saftform behandelt, bei viralen Infektionen bekommen Kinder symptomatische Behandlungen.

Wenn Kinder mit einer bakteriellen Pneumonie sich weigern, das Medikament zu schlucken, muss besprochen werden, ob eine intravenöse Therapie im Krankenhaus notwendig ist. Hustensäfte haben oft nicht die versprochene Wirkung. Wenn Ihr Kind sich weigert, Hustensäfte zu schlucken, lassen Sie es. Der einzige Saft, der unbedingt eingenommen werden muss, ist der Antibiotikasaft. Alkoholhaltige Hustentropfen werden oft empfohlen, sind aber für Kinder nicht geeignet. Kinder sollen möglichst viel Tee trinken.

Pflanzenheilkunde

Tees: Eibischwurzel, isländisches Moos, Efeublätter, Anisblüten und Spitzwegerich haben eine schleimlösende und hustenreizlindernde Wirkung. Thymiankraut hat entzündungshemmende, schleimlösende und bronchialkrampflösende Wirkungen.

BT-Tipp: *SADH, ein rettender Gedanke*

Die Diagnose Lungenentzündung versetzt Eltern oft in einen Angst- oder Stresszustand. Das wiederum führt zu einer reichlichen Ausschüttung von Stresshormonen.

Diesen Stress bei der Mitteilung der Diagnose können Eltern beseitigen mit Stopp – atmen – denken – handeln (SADH). Sollte das nicht reichen, kann die Technik des rettenden Gedankens helfen. Wenn die Diagnose Sie plagt, schieben Sie diesen Gedanken sanft zur Seite und denken Sie an Ihren persönlichen Rettungsgedanken (siehe Seite 66).

Magen-Darm-Erkrankungen

Akute Gastroenteritis

Die akute Gastroenteritis, auch bekannt als Magen-Darm-Grippe, entsteht durch eine Entzündung der Magen- und Darmschleimhaut.

Sie wird in der Regel durch Viren oder Bakterien verursacht. Die Keime gelangen durch den Mund in den Darm.

Die entzündete Darmschleimhaut kann weder Nahrung noch Flüssigkeit richtig verarbeiten, weshalb das meiste unverdaut in Form von Durchfällen ausgeschieden wird. Je nach Schweregrad der Infektion ändert sich die Konsistenz des Stuhls.

Mit dem Erbrechen versucht der Magen, die unverdaute

Nahrung und die Keime gewissermaßen auch in die andere Richtung loszuwerden.

Als Schutz entsteht zusätzlich eine Appetitlosigkeit, die zusammen mit Erbrechen und Durchfall die typischen Symptome für eine Magen-Darm-Erkrankung darstellen.

Zusätzlich können Magenkrämpfe, Blähungen, Schwindel und Fieber auftreten. Durch den Flüssigkeitsverlust können die Kinder sich schlapp und müde fühlen.

Die Symptome von Magen-Darm-Erkrankungen sind sehr unterschiedlich. Bei schweren Verläufen kann es dazu kommen, dass das Kind stündlich wässrige Stühle absetzt und nicht aufhört zu erbrechen, weshalb eine Aufnahme in einem Krankenhaus notwendig wird.

Bei sehr leichten Formen haben die Kinder lediglich Blähungen und Bauchschmerzen, und der Stuhl fällt nur dadurch auf, dass er etwas breiig oder weich wirkt.

Auch die Häufigkeit und Dauer der Durchfälle ist sehr unterschiedlich.

Babys entgleisen schneller mit ihrem Flüssigkeitshaushalt, weshalb bei Babys engmaschige Gewichtskontrollen wichtig sind. Nicht selten bekommen Säuglinge auch einen sehr wunden Po, was zusätzlich für Unruhe sorgt.

Die akute Gastroenteritis kommt relativ plötzlich und aus dem Nichts. Die Kinder waren vorher in der Regel völlig unauffällig.

Eine akute Gastroenteritis ist nicht behandlungsbedürftig. Behandelt werden müssen die Auswirkungen der Infektion, vor allem die Flüssigkeits- und Elektrolytverluste.

Eltern können ungefähr abschätzen, wie viel Flüssigkeit das Kind verloren hat – anhand seines Verhaltens.

Leichter Flüssigkeitsverlust: Das Kind ist wach, spielt und wirkt nicht krank. Die Schleimhäute sind feucht, bei Kleinkindern ist die Fontanelle nicht eingesunken, die Urinproduktion ist normal, Haut wirkt wie Gummi und hat keine stehenden Hautfalten.

Mittelschwerer Flüssigkeitsverlust: Das Kind ist schwach und unruhig, spielt nicht gern, wirkt krank, bei Kleinkindern ist die Fontanelle leicht eingesunken, die Schleimhäute wirken trocken, das Kind uriniert kaum und wenig, Hautfalten sind leicht verstärkt.

Schwerer Flüssigkeitsverlust: Das Kind ist sehr schläfrig, lässt sich nicht gut wecken, es ist schlapp und müde. Die Fontanelle ist bei Babys eingesunken, die Haut ist trocken und hat stehende Falten, das Kind sondert fast keinen Urin ab, es wirkt sehr krank.

In akuten Fällen kann es dazu kommen, dass das Kind trotz Bemühungen zu Hause weiter erbricht und nichts trinkt. Dann empfiehlt der Kinderarzt eine Einweisung ins Krankenhaus, damit das Kind eine Infusion bekommt.

Chronischer Durchfall des Kleinkindes

Kleinkinder können oft über Monate breiige, weiche Stühle absetzen, ohne dass sonstige Krankheitszeichen auftreten. Die Kinder spielen normal und gedeihen gut, sie essen normal und haben keine Beschwerden. Es handelt sich dabei um die sogenannte »Toddlers Diarrhoe« (Krabbler-Durchfall), sie ist harmlos und braucht keine Behandlung oder Abklärung.

Chronische Durchfälle im Kindesalter ohne Infektion

Nahrungsmittelunverträglichkeiten und Nahrungsmittelallergien können Bauchschmerzen und Durchfälle über eine längere Zeit verursachen. Dazu kann es vor allem bei Laktose-Intoleranz, Zöliakie, Fruktose-Intoleranz, Kuhmilchprotein-Intoleranz kommen, aber auch bei chronischen Autoimmunerkrankungen wie Morbus Crohn und Colitis Ulcerosa.

Kinder mit einer oder mehreren dieser Erkrankungen haben immer wiederkehrende Beschwerden wie Durchfälle, Bauchkrämpfe, Blut im Stuhl und schleimige Stühle. Die Beschwerden halten über mehrere Monate an und das betroffene Kind kann unter Wachstumsverzögerung, Leistungsknicken in der Schule und beim Sport sowie Schlappheit und Müdigkeit durch Eisenmangel leiden.

Eltern bemerken bei Unverträglichkeiten oft einen Zusammenhang von den Durchfällen und bestimmten Lebensmitteln. Manchmal findet sich aber auch kein Zusammenhang. Halten die Beschwerden länger an, sollte in jedem Fall eine Abklärung bei der Kinderärztin erfolgen.

Was Eltern tun können

Es sollte darauf geachtet werden, dass das Baby oder Kind ausreichend Flüssigkeit in kurzen Abständen zu sich nimmt. Es sollte auch essen dürfen, wozu es Lust hat.

Bei Durchfallerkrankungen hängt der Bedarf vom Alter und natürlich von der Schwere der Erkrankung ab. Da kranke Kinder ungerne essen und trinken, sollte man ihnen kleine Mengen anbieten.

Auch beim Trinken kann es helfen, nur Schlucke zu verabreichen oder einen Strohhalm anzubieten. Bei Kleinkindern kann Flüssigkeit auch mit einer Spritze in den Mund geträufelt werden.

Das ist auch insofern sinnvoll, als dass der Magen durch die Infektion sehr empfindlich ist und große Flüssigkeitsmengen und Nahrung sofort wieder erbrechen und in Form von Durchfällen ausscheiden wird.

Bei Durchfällen verlieren die Kinder nicht nur Wasser, sondern auch Salze, Glukose und Mineralien, weshalb es sinnvoller ist, fertige Elektrolytmischungen anzubieten oder mit Traubenzucker und einer Prise Salz angereichertes Wasser anzubieten. Allerdings wollen die meisten Kinder die fertigen Elektrolytpräparate oder auch salziges Wasser nicht trinken. Dann sollten Eltern das Kind trinken lassen, was es gerne trinkt – das ist immerhin noch besser, als gar nichts zu trinken.

Das gilt auch für das Essen. Früher wurde eine strenge Diät mit Knäckebrot und Tee empfohlen, heute ist wissenschaftlich bewiesen, dass der Darm sich schneller erholt, wenn er arbeitet.

Deshalb sollte es unterstützt werden, wenn Kinder auf bestimmte Nahrungsmittel Appetit haben. Denken Sie an die Eigenheilungskraft des Kindes, die auch Einfluss auf seinen Geschmack hat. Der Körper wirft alles wieder hinaus, was er nicht gebrauchen kann.

Manche Kinder wollen nur ihre Milch trinken. Auch Milch und Milchprodukte sind nicht verboten. Wenn das Kind danach verlangt, kann die Milch verdünnt und in kleinen Portionen angeboten werden. Eine Prise Salz und ein wenig Traubenzucker können darin aufgelöst werden.

Manche Nahrungsmittel, wie geriebene Karotten oder geriebene Äpfel, besitzen Gerbstoffe, die die Darmheilung anregen, auch schwarzer Tee oder grüner Tee kann bei leichten Formen der Durchfälle gut eingesetzt werden. Bauchkrämpfe und Schmerzen können bei Kindern ab dem sechsten Lebensjahr mit Butylscopolaminbromid-Dragees behandelt werden.

Kinder verlieren Flüssigkeit auch über die Haut, wenn sie schwitzen. Wenn das Fieber auf über 39 Grad Celsius steigt, sollten fiebersenkende Mittel wie Ibuprofen oder Paracetamol verabreicht werden.

Bei anhaltendem Erbrechen wird die Gabe von Dimenhydrinat im Form von Zäpfchen empfohlen, die Indikation und das Rezept stellt allerdings der Kinderarzt aus. Wissenschaftliche Studien haben belegt, dass die Gabe von Probiotika wie zum Beispiel *Saccaromyces boulardii* den Verlauf von Durchfallerkrankungen verkürzt.

Andere unterstützende Maßnahmen sind: Bauchmassage, Wärmebeutel für den Bauch und ein liebevoller Umgang. Ruhe und Schlaf sind ebenfalls wichtig, da die Selbstheilungskraft in diesem Fall besonders gefragt ist.

Was Eltern lassen können

Angst und Panik der Eltern sind bei Magen-Darm-Erkrankungen nicht hilfreich. Die Amygdala sucht nach möglichst vielen »Könnte passieren«-Szenarien – das kann das kranke Kind belasten. Was das Kind hingegen braucht, ist das Gefühl, dass es geborgen ist und dass alles bald wieder gut wird.

Stuhluntersuchungen sind in der Regel überflüssig, weil das Ergebnis nur selten eine Behandlungskonsequenz nach sich zieht. Es dauert auch, bis Keime gezüchtet werden, bis dahin ist das Kind meist schon wieder gesund.

Empfohlen wird die Stuhluntersuchung eher bei chronischen Durchfällen, oder wenn das Kind sich nicht schnell erholt und sehr hohes Fieber bekommt.

Auch nach Fernreisen könnte eine Stuhldiagnostik von Bedeutung sein, um zugrunde liegende exotische behandlungsbedürftige Erkrankungen zu identifizieren.

Pflanzenheilkunde

Bei Durchfallerkrankungen sind geriebene Äpfel und Karotten wirksam, wegen ihrer Gerbstoffe.

Auch schwarzer und grüner Tee haben eine entzündungshemmende Wirkung.

Heidelbeeren werden ebenfalls empfohlen, auch getrocknet, als Tee oder in Pulverform.

Kamillenblütentee ist gut geeignet zur Behandlung der häufig begleitenden Bauchkrämpfe.

BT-Tipp: *Ein rettender Gedanke*

Durchfallerkrankungen kommen besonders im Säuglings- und Kleinkindalter häufig vor und verlaufen in der Regel komplikationslos. Die Selbstheilungskraft der Kinder ist in der Lage, die Durchfallerkrankung zu beseitigen. Sehr häufig machen sich Eltern aber Sorgen und denken sofort, dass ihr Kind austrocknet. Um die Angst und Sorge der Eltern zu reduzieren, empfehle ich, auf einen persönlichen Rettungsgedanken zu setzen (siehe Seite 66).

Verstopfung *(Obstipation)*

Je unvollständiger die Stuhlentleerung – aus welchem Grund auch immer –, desto mehr Stuhl bleibt im Enddarm hängen. Und je länger dieser Stuhl im Enddarm bleibt, desto mehr Wasser entzieht ihm der Darm – und desto härter und schmerzhafter wird die Entleerung.

Wenn dieser harte Stuhl dann endlich herauskommt, tut das weh, manchmal reißt sogar die Schleimhaut am Darmausgang ein, was zu weiteren Rissen und frischen Blutungen führen kann.

Die damit verbundenen Schmerzen bleiben dem Kind länger in Erinnerung. Damit beginnt eine Art Teufelskreis. Die Kinder gewöhnen sich aus Angst vor den Schmerzen daran, den Stuhl mehrere Tage einzuhalten.

Nach einer Zeit von drei Monaten reden wir von einer chronischen Obstipation. Obwohl Verstopfung keine richtige »Krankheit« ist, haben die Kinder teilweise Symptome, die typischerweise bei Krankheiten auftreten: Bauchschmerzen, Bauchkrämpfe, Übelkeit, Blähungen, Blutablagerung auf dem Stuhl und Abgeschlagenheit sind nicht selten.

Durch das wiederholte Einreißen im Anus können Entzündungen und Rötungen entstehen. Häufig verlieren die Kinder die Kontrolle und haben ungewollt Stuhlgang.

Die Ursachen dafür, dass anfangs der Stuhl im Enddarm zurückbleibt, sind ganz unterschiedlich.

Bei Säuglingen kann der Grund eine Nahrungsumstellung sein – wenn Babys etwa von der Milchnahrung auf feste Kost umgestellt werden, bekommen sie gelegentlich Verstopfung.

Kleinkinder und Schulkinder ekeln sich manchmal vor den Toiletten in den Kindergärten und Schulen und halten den Stuhl aus diesem Grund ein.

Manchmal entzündet sich der Po, weil nicht richtig abgewischt wird, das führt zu Entzündungen in der Poregion, was wiederum schmerzt und das Kind zum Stuhlanhalten zwingt. Auch Flüssigkeits- und Bewegungsmangel können zu einer Verstopfung führen. Seltener sind angeborene Erkrankungen des Magen-Darm-Traktes oder neurologische Erkrankungen Ursache für eine Verstopfung.

Was Eltern tun können

Eltern sollten feste Toilettenzeiten einführen, je nachdem, wann es für das Kind und die Eltern am besten geeignet ist. **Dabei ist wichtig, dass es ausreichende Zeit gibt und nicht gehetzt wird.**

Es hilft, dabei etwas zu lesen, damit das Kind sich entspannt. Auch Belohnungen, wie beispielsweise positive Sternchen, die das Kind dann sammelt, sind von Vorteil.

Ballaststoffreiche Ernährung und ausreichende Flüssigkeitseinnahme sind unabdingbar.

Milchzucker, Leinsamen, Olivenöl und Flohsamenschalen sorgen dafür, dass der Stuhl weich wird. Voraussetzung dafür ist allerdings, dass zwischen den Mahlzeiten viel Flüssigkeit zugeführt wird. Aprikosen, Pflaumen und Datteln machen den Stuhl weicher, wenn sie regelmäßig verzehrt werden.

Zäpfchen oder Klistierspritzen sind in der Akutphase sinnvoll und helfen kurzfristig, den Enddarm zu entleeren.

Bei wiederkehrenden Verstopfungen ist eine medikamentöse Behandlung in Erwägung zu ziehen, Medikamente wie zum Beispiel Macrogol verschreibt der Kinderarzt.

Insgesamt muss darauf geachtet werden, dass Kinder mindestens alle zwei Tage Stuhl absetzen.

Was Eltern lassen können

Falsche Ernährung führt oft zu Verstopfung.

Eltern sollten die Gabe von süßen Speisen und süßen Getränken reduzieren. Sie sind ein häufiger Grund für Verstopfungen, da sie keine Ballaststoffe enthalten. Und wer zu viel Süßes bekommt, hat keinen Hunger mehr auf ballaststoffreiche Nahrung.

Stattdessen sollten mehr Gemüse und Obst angeboten werden. Auch wenn das Kind darauf zunächst keine Lust hat, kann es sich durch das wiederholte Anbieten mit der Zeit daran gewöhnen.

Kinder sollten auch regelmäßig dazu angehalten werden, sich zu bewegen, da auch Bewegungsmangel zu Verstopfung führen kann.

Pflanzenheilkunde

Milchzucker, Flohsamen oder Leinsamenschalen können gut bei Verstopfung eingesetzt werden. Sehr effektiv sind Früchte wie Pflaumen, Aprikosen und Datteln, die frisch püriert oder in getrockneter Form verzehrt werden können.

BT-Tipp: *SADH, Fantasieren*

SADH (Stopp – atmen – denken – handeln) ist gut, um akuten Bauchschmerzen ruhig und richtig zu begegnen.

Bei chronischer Verstopfung ist Fantasieren eine gute Lösung, damit Eltern Geduld gewinnen (siehe Seite 78).

Eine Geschichte aus der Praxis

Als junge Assistenzärztin war ich regelmäßig eingeteilt für Notdienste. Die Notaufnahme war immer voll, und wir hatten reichlich zu tun, vor allem an den Wochenenden in den Wintermonaten.

An einem Sonntagmittag im Januar erhalten wir einen Anruf: Ein sechs Jahre alter Junge sei unterwegs zu uns mit dem Notarztwagen. Er habe schlimme Bauchschmerzen, weshalb eine Blinddarmentzündung oder eine Darmverschlingung vermutet wird.

Wir benachrichtigen den diensthabenden Chirurgen und warten auf den Jungen. Fabian, so heißt der Junge, wird heulend und schreiend auf einer Liege von den Sanitätern in die Notaufnahme geschoben. Sein Vater ist kurz vor einem Nervenzusammenbruch.

Ich habe Angst, dass diesem großen Mann auch noch schlecht wird, und bitte ihn, sich zu setzen. Fabian ist klitschnass geschwitzt. »Aua«, schreit er, noch hat er kein Schmerzmittel erhalten. Sein Kopf ist allerdings nicht blass, sondern knallrot.

Als die Sanitäter Fabian auf unsere Liege umlagern wollen, fängt er an zu schreien: »Lasst mich los, ich muss auf die Toilette!«

»Schnell, nehmen Sie ihn mit und schauen Sie bitte in die Toilette, bevor Sie abspülen«, sage ich zum Vater.

Kinder, die eine Darmverschlingung oder eine perforierte Blinddarmentzündung haben, sind schwer krank und gewissermaßen unter Schock, sie haben meistens keine Kraft zu schreien.

Erfreulicherweise kommt Fabian eine Viertelstunde später in Begleitung seines Vaters und einer Krankenschwester gut gelaunt von der Toilette zurück, rosig und sichtlich erlöst.

»Ich glaube, ich musste nur mal groß«, sagt er und grinst. Alle sind froh, dass die Geschichte ein gutes Ende hat. Fabian hat eine große Menge harten Stuhls abgesetzt, er war nur verstopft. Später erfahre ich von Fabians Vater, dass der Junge, seit er in die Schule gekommen ist, immer wieder Probleme hat, dort auf die Toilette zu gehen.

Harnwegsinfekte

Harnwegsinfekte entstehen, wenn Krankheitserreger sich in den Harnwegen, vor allem in Harnröhre, Harnblase oder Harnleiter, ansiedeln und eine Entzündung auslösen. Unbehandelt können die Bakterien weiter aufsteigen und ihren Weg in die Nierenbecken finden, wodurch eine Nierenbeckenentzündung ausgelöst werden kann.

Harnwegsinfekte bei Kindern werden durch Bakterien ausgelöst. Am häufigsten werden Escherichia-Coli-Bakterien als Erreger im Urin nachgewiesen.

Da Mädchen kürzere Harnröhren haben als Jungen, sind sie anfälliger. Der häufigste Grund für Harnwegsinfekte im Kindesalter sind Missbildungen wie Verengungen (Stenosen) der Harnleiter, die den Abfluss des Harns verhindern und ihn oberhalb der Stenose stauen. Auch undichte Klappen in den Harnleitern können einen Harnstau verursachen. Die Harnklappen hindern normalerweise den Harnrückfluss in das Nierenbecken. Sind die Klappen jedoch undicht, fließt Urin zurück und staut sich Richtung Nierenbecken. Dieses wird auch als *Vesikulo-ureteraler Reflux* bezeichnet und ist insofern gefährlich, als dass Bakterien einen guten Nährboden finden.

Insofern ist bei einem auffälligen Harnbefund und bei eindeutigem Harnwegsinfekt die Durchführung einer Ultraschalluntersuchung der Nieren und der ableitenden Harnwege sinnvoll.

Bei Säuglingen empfiehlt es sich, eine Urinuntersuchung durchzuführen, wenn sie Fieber haben, aber keine Anzeichen einer Infektion der oberen Luftwege oder des Magen-Darm-Trakts aufweisen beziehungsweise kein eindeutiger Infektionsherd nachgewiesen werden kann.

Ältere Kinder können Harnwegsinfekte mit und ohne Fieber haben. Oft verspüren sie ein Brennen beim Wasserlassen und haben Bauchschmerzen. Manchmal berichten Eltern, dass das Kind unauffällig ist, aber der Urin komisch riecht.

Der Urin kann in kleinen Kunststoff-Sammeltütchen, sogenannten Urinbeuteln, aufgefangen werden, die an den Harnausgang geklebt werden. Der Bakterien-Nachweis im Urin erfolgt mit den sogenannten Urin-Stix, einem Schnelltest. Bei positivem Befund wird der Urin ins Labor geschickt, wo ein gezielter Erregernachweis erfolgt.

Was Eltern tun können

Wenn Kinder, vor allem Babys, ohne klare Ursache anhaltendes Fieber haben, sollte an einen Harnwegsinfekt gedacht werden. Die Kinderärztin verschreibt dann Antibiotika. Sinnvoll wäre es, darauf zu achten, dass das Kind viel trinkt, um die Keime wieder effektiv auszuspülen.

Was Eltern lassen können

Mit der Antibiotikabehandlung sollte nicht zu lange gewartet werden! Sie als Eltern haben nichts falsch gemacht, wodurch das Kind die Infektion bekommen hat. Die Infektion lässt sich in der Regel gut und schnell behandeln.

Pflanzenheilkunde

Brennnesseltee und verdünnter Cranberrysaft haben eine gute, unterstützende Wirkung bei Harnwegsinfekten.

BT-Tipp: *Ein rettender Gedanke*

Die einfache Harnwegsinfektion lässt sich gut behandeln, angeborene Harnwegsmissbildungen lassen sich ebenfalls gut therapieren. Um Ihren Stress zu reduzieren, halten Sie sich an Ihren individuellen Rettungsgedanken (siehe Seite 66).

SCHLUSSWORT

Liebe Leserinnen und Leser,

hiermit geht unsere gemeinsame Reise durch die Welt der Kinderheilkunde, der Neurowissenschaften und der integrativen Medizin zu Ende.

Als Kinder- und Jugendärztin mit interkulturellem Hintergrund ist es mir eine besondere Freude, Sie teilhaben zu lassen an meinen Erfahrungen aus verschiedenen medizinischen Disziplinen, aber auch aus unterschiedlichen Ländern und Kulturen.

Die Verbindung von modernster Medizin, neuesten wissenschaftlichen Erkenntnissen, Naturheilverfahren und dem Wissen um althergebrachte Heilansätze ist für mich der Schlüssel, um optimal für die Gesundheit meiner Patientinnen und Patienten sorgen zu können.

Für das gelassene Klima, das nicht nur im Krankheitsfall die Selbstheilungskräfte von Kindern stärkt, sondern auch den ganz normalen Alltag in der Familie glücklicher gestaltet, können wir alle etwas tun. Damit Leistungsdruck, Optimierungswahn und Stress, die in unserer Gesellschaft so allgegenwärtig sind, uns nicht krank machen, müssen wir zunächst Selbstfürsorge betreiben – auch, um unsere Kinder gut zu beschützen.

Ich hoffe sehr, dass ich Ihnen dazu mit diesem Buch interessante neue Einsichten, nützliche Kenntnisse und für Sie geeignete Strategien an die Hand geben konnte, um Ihren persönlichen Alltag mit Kindern, Partner und Familie gelassener, gesünder und vielleicht sogar glücklicher zu gestalten.

So, wie ich Glück verstehe – als einen Zustand des inneren Gleichgewichts, gepaart mit Freude –, können wir eine Menge selbst dazu beitragen, kleine und große Glücksmomente zu erleben und dies an unsere Kinder weiterzugeben. Ein gutes Gelingen wünscht Ihnen

Ihre Karella Easwaran

HILFREICHE ADRESSEN UND LINKS

Allgemein
Bundeszentrale für gesundheitliche Aufklärung:
www.bzga.de
www.kindergesundheit-info.de

Berufsverband der Kinder- und Jugendärzte e. V.:
www.kinderaerzte-im-netz.de

Deutsche Gesellschaft für Kinder und Jugendmedizin e. V.:
www.dgkj.de

Nationale Kontakt- und Informationsstelle zur Anregung und Unterstützung von Selbsthilfegruppen:
www.nakos.de

Hebammen
Deutscher Hebammen-Verband e. V.:
www.hebammenverband.de

Bundesweites Verzeichnis von Hebammen:
www.hebammensuche.de

Krise rund um die Geburt
Schatten & Licht e. V.,
Initiative peripartale psychische Erkrankungen:
www.schatten-und-licht.de

Schlafen
Die Deutsche Gesellschaft für
Schlafforschung und Schlafmedizin:
www.dgsm.de

Schlafambulanz:
www.gaimh.de

Ernährung
Forschungsinstitut für Kinderernährung Dortmund:
www.fke-do.de

Deutsche Gesellschaft für Ernährung:
www.dge.de

Allergien
Allergie, Umwelt und Gesundheit:
www.allum.de

Gesellschaft für pädiatrische
Allergologie und Umweltmedizin (GPA):
www.gpau.de

Impfungen
Robert Koch-Institut:
www.rki.de

Paul-Ehrlich-Institut:
www.pei.de

Integrative Medizin / Pflanzenheilkunde
Institut für Integrative Medizin (IFIM)
der Uni Witten/Herdecke:
www.uni-wh.de

Gesellschaft für Phytotherapie e. V.:
Phytotherapy.org/de

DANK

Von ganzem Herzen danke ich meinem Mann Tom und unseren wunderbaren Söhnen Lenny und Sander, die ich jeden Tag aufs Neue gesund und glücklich sehen will – und die meine Abwesenheit beim Schreiben dieses Buches so gelassen ausgehalten haben.

Unendlich dankbar bin ich meinen Eltern, meiner Mutter Mulu Asseffa Asegu und meinem Vater Narayan Easwaran, für ihre Liebe, Stärke und Klarheit in unserer Erziehung. Sie haben uns den Glauben daran vermittelt, dass man alles schaffen kann. Meinen Geschwistern Mentwab, Laxmi, Venus, Musse und Eyob, die mir von klein auf gezeigt haben, wie schön Familie sein kann!

Für ihr großes Vertrauen danke ich jedem meiner kleinen Patienten und ihren Eltern. Mit ihrer individuellen Geschichte und unserem Austausch darüber sorgen sie dafür, dass ich immer noch jeden Tag dazulerne und solche Freude an meiner Arbeit habe.

Für seine Unterstützung, dieses Buch so zu realisieren, bedanke ich mich allen voran bei Dietmar Jacobs, der sich als Erster für diese Buch-Idee begeistert hat, mich unermüdlich bestärkt und dabei unterstützt hat, den richtigen Verlag zu finden.

Ein großes Dankeschön gebührt meinem Lektor Martin Breitfeld vom KiWi-Verlag, der mich immer mit Geduld,

Kompetenz und aufmunternden Worten begleitet hat. Sowie Tina Bartels, Christian Heinrich und Irina Rasimus.

Außerdem danke ich meinem guten Freund Mike Meiré, der dieses Projekt nicht nur von Anfang an mit positiven Worten begleitet hat, sondern mit seinem Team auch für die tolle Cover-Gestaltung verantwortlich ist.

Ich bedanke mich außerdem bei Eva, Sarah, Michelle, Rita, Gudrun und Sylvia, die mit ihrer Kompetenz, Umsicht und Belastbarkeit für einen angenehmen und weitgehend reibungslosen Praxisalltag sorgen – sodass ich ab und zu noch den Rücken frei habe, um Projekte wie dieses zu realisieren.

Auch bedanke ich mich bei Klaus-Jürgen, Andreas und Beate für ihre wertvolle Beratung.

Herzlichen Dank meinen vielen Freunden, die ich hier gar nicht alle auflisten kann, für ihre Ermutigung und intensive Rückmeldung zu diesem Projekt.

Und schließlich danke ich allen Leserinnen und Lesern für ihr Interesse.

Jonas Ratz. Trottelini mit Pumasan.
Wahre Geschichten aus dem Leben junger Eltern.
Pappband. Verfügbar auch als E-Book

Sie haben Kinder? Oder planen, welche zu bekommen? Oder kennen Menschen, die Kinder haben oder planen, welche zu bekommen? Dann können Sie sich oder diesen Menschen einen dieser Ratgeber kaufen, »Huch, mein Kind wächst« oder so. Oder Sie kaufen dieses Buch. Was Sie garantiert nicht darin finden werden: Ratschläge (die bekommt man sowieso ständig, wenn man Kinder hat). Dafür 43 Geschichten aus der Elterncouch-Kolumne auf SPIEGEL ONLINE. Mit wunderschönen Illustrationen.

Leseproben und mehr unter www.kiwi-verlag.de

Dr. med. Ragnhild und Jan Schweitzer. Fragen Sie weder Arzt noch Apotheker. Warum Abwarten oft die beste Medizin ist. Klappenbroschur. Verfügbar auch als E-Book

Sind wir erkältet, schlucken wir ein Antibiotikum, bei einem Bandscheibenvorfall lassen wir uns operieren, und um Krebs fernzuhalten, gehen wir zur Vorsorge. Aber ist das auch richtig? Die Autoren haben als Ärzte im Krankenhaus Erfahrungen mit übertriebenem Aktionismus gemacht. Sie erklären in diesem Buch anhand vieler Fallgeschichten und des heutigen Stands der Wissenschaft, warum es sich oft lohnt, abzuwarten – von A wie Arthrose bis Z wie Zahnreinigung.

Ein Ratgeber, der einem mal nicht sagt, was man für seine Gesundheit tun muss, sondern was man lassen kann.

Kiepenheuer & Witsch

Leseproben und mehr unter www.kiwi-verlag.de

Dr. Dennis Ballwieser / Dr. Heike Le Ker. Ein rätselhafter Patient. Die aufregende Suche nach der richtigen Diagnose – 55 wahre Geschichten. Taschenbuch. Verfügbar auch als E-Book

Manchmal müssen Ärzte Detektivarbeit leisten, um mysteriösen Krankheiten auf die Spur zu kommen. In diesem Buch erzählen Dr. Dennis Ballwieser und Dr. Heike Le Ker anhand von wahren Fallgeschichten, warum der Weg zur richtigen Therapie oft kompliziert, aber manchmal auch erstaunlich simpel ist. Mit praktischen Tipps, wie Sie verhindern, selbst zu einem rätselhaften Patienten zu werden!

Leseproben und mehr unter www.kiwi-verlag.de